Arabic 1

كتاب العربي - المستوى الأول

Arabic 1

كتاب العربي - المستوى الأول

Wafa Hassan, Nicholas Fawaz, Sanaa Jouejati, Hibatullah Safah, Dana Abbasi, and Dunya Mikhail

Michigan State University Press
East Lansing

The development of these books was sponsored by the National Language Flagship Program http://www.thelanguageflagship.org/, and they were written and developed by an expert author team of university professors and certified/experienced Arabic teachers in the United States.

⊗ The paper used in this publication meets the minimum requirements of ANSI/NISO Z1992-39.48 (R 1997) (Permanence of Paper).

Michigan State University Press
East Lansing, Michigan 5245-48823

Printed and bound in China.
10 9 8 7 6 5 4 3 2 1   17 18 19 20 21 22 23 24 25 26

ISBN 978-1-61186-232-4 (paper)

Cover design by Shaun Allshouse, www.shaunallshouse.com

Michigan State University Press is a member of the Green Press Initiative and is committed to developing and encouraging ecologically responsible publishing practices. For more information about the Green Press Initiative and the use of recycled paper in book publishing, please visit www.greenpressinitiative.org.

Visit Michigan State University Press at www.msupress.org

Contents

المواضيع

Preface

Arabic 1 and *Arabic 2* are multilevel textbooks that teach Arabic as a foreign language. They offer a unique approach to learning and practicing the language and to learning about Arabic culture, providing articulated, thematic units and instructional materials. These practical textbooks and the digital interactive language drills hosted on the website www.msupress.org/Arabic are excellent tools for students who are studying Arabic in the United States, as well as for students who live abroad and can access and benefit from the program textbooks and website.

The main goal of these textbooks is to provide U.S. high schools with instructional materials that suit students' cognitive and language needs, and that meet public schools' program objectives of teaching world languages. *Arabic 1* and *Arabic 2* present an ordered sequence of meaningful knowledge that is guided by a well-designed curriculum for teaching Arabic as a foreign language.

Teachers of Arabic know well the amount of time, creativity, and resources needed to create effective and reliable instructional materials. *Arabic 1* and *Arabic 2* are designed to save teachers worry and concern over those demands. Teachers no longer need to spend their time surfing the Net, matching activities to a unit's lesson content and objectives.

Arabic 1 and *Arabic 2* are the product of collective efforts by many accomplished teachers in the field, who have devoted hundreds of hours to gaining classroom experiences and assessing the material presented here. All drills, exercises, and creative classroom activities are aligned and coordinated in pedagogically sound units. These units implement a curriculum that is guided by the ACTFL World-Readiness Standards for Learning Languages. *Arabic 1* and *Arabic 2* are teachers' companions that provide rich drills and activities for instruction both in and out of the classroom. Production of the included materials went through several phases where every drill and activity was scrutinized and carefully reviewed. The selected and designed materials address multiple intelligences while taking into consideration the learners' age group and diversity of language levels. Dozens of teachers have already tested the materials in real classrooms with real students, providing critical feedback and giving the final product their stamp of approval.

We believe that those who use the materials presented in *Arabic 1* and *Arabic 2* will appreciate the careful planning that went into them, and the soundness of their curricular foundation.

These textbooks are broad in scope and inclusive, covering a wide range of topics and themes that are commonly addressed in curricula for teaching Arabic as a foreign language communicatively. Among the themes are relationships, food, clothes, travel, sports, and careers.

The digital drills, exercises, and class activities for each theme are designed to be used with a range of language proficiency levels. The topics are carefully selected and designed to appeal to the intended age group and are kept within students' current language proficiency.

The digital drills and exercises are varied, ranging from the familiar to the unfamiliar. The digital drills, exercises, and classroom activities address the basic four skills of language learning: speaking, reading, writing, and listening comprehension. Each drill or activity is designed with cultural concepts in mind. *Arabic 1* and *Arabic 2* are rich with exercises and activities presenting Arabic cultural practices, products, and perspectives. These cultural aspects are reflected in drills practicing the four skills and chosen specifically for cultural awareness.

In summary: these volumes soon will be the best companion for teachers and students of Arabic as a foreign language for many years of study.

Features include:

- Thematic-based units and topics framework.
- A *Teachers' Guide* covering both textbooks that includes language objectives aligned with the World-Readiness Standards for Learning

Languages (ACTFL http://www.actfl.org/publications/all/world-readiness-standards-learning-languages). The *Teachers' Guide* is a must-have for all teachers! It will make their lesson planning more efficient and productive. Each topic has specific objectives and essential questions, following a system of backward curriculum design. The *Guide* also includes suggestions for performance assessment-based activities.

- Two textbook levels (*Arabic 1* and *2*) that include various topics related to the everyday life of high school learners. Each level includes four thematic units, and within each unit there are four different but related topics, a total of 32 sequential learning topics. Each book is designed to cover a year of instruction.

- A website www.msupress.org/Arabic that includes audio and interactive digital language drills on each studied topic allows the students to practice Arabic skills from any place in the world.

- Engaging language activities for each topic that cover all modes of communication (interpersonal, interpretive, and presentational), and provide language use in all four skills: listening, speaking, reading, and writing. In addition, *Arabic 1* and *Arabic 2* provide language exercises with a cultural focus. They include a variety of language drills with multiple levels of difficulty that make these exercises adaptable for differentiated contexts of language instruction and for various students' proficiency levels. The units include authentic readings and listening materials, and authentic situations that call for speaking and writing in Arabic.

Best wishes to all teachers and students,

The Team Authors

Acknowledgments

Arabic 1 and *Arabic 2* and the *Teachers' Guide* were written and developed by an expert team of university professors and certified, experienced teachers in the United States.

The authors of the *Teachers' Guide* are Dr. Wafa Hassan, Ms. Dunya Mikhail, and Ms. Kathleen McBroom. The authors of the textbooks (*Arabic 1* and *Arabic 2*) are Dr. Wafa Hassan, Mr. Nicholas Fawaz, Ms. Sanaa Jouejati, Ms. Hibatullah Safah, Ms. Dana Abbasi, and Ms. Dunya Mikhail. The text has been reviewed by Dr. Muhammad Eissa. Mr. Mohammad Alnajjar designed the graphics and text pages and developed the digital drills.

We are especially grateful to the Language Flagship Program for supporting the development of the content of these textbooks and the curriculum framework (http://www.thelanguageflagship.org/). Special thanks to Dr. Sue Gass, distinguished professor at Michigan State University, the principal investigator for the grant that supported the development of these books.

We would like to express our deep appreciation to the providers of the pictures and illustrations included in the textbooks. We would like to thank Ms. Amal Al-Misbahi for giving us permission to use photos from www.amalstable.com. We are also thankful to Ayah Elhady for drawing some illustrations. We especially thank Mr. Ali Harp for providing us with Arabic calligraphy samples and Manal Saif for providing the fashion pictures. We also appreciate the availability of free pictures from www.pixabay.com and https://commons.wikimedia.org. These images and videos are released free of copyright under Creative Commons CC0.

Finally, we are deeply thankful to all teachers who piloted the raw materials of these textbooks and provided us with great feedback and encouragement to move forward and make these tools available to high school students learning Arabic in the United States.

With all our sincere appreciation to all contributors,
The Team Authors

مع خالص شكرنا وتقديرنا

Unit 1
Introduction to Arabic
مقدمة إلى اللغة العربية

Shapes of Arabic Letters

ج	ث	ت	ب	أ
ر	ذ	د	خ	ح
ض	ص	ش	س	ز
ف	غ	ع	ظ	ط
ن	م	ل	ك	ق
	ي	و	ه	

Shapes of Arabic Letters at the Beginning, Middle, and End of the Word

End	Middle	Beginning	
ـا	ـا	ا	ا
ـب	ـبـ	بـ	ب
ـت	ـتـ	تـ	ت
ـث	ـثـ	ثـ	ث
ـج	ـجـ	جـ	ج
ـح	ـحـ	حـ	ح
ـخ	ـخـ	خـ	خ
ـد	ـد	د	د
ـذ	ـذ	ذ	ذ
ـر	ـر	ر	ر
ـز	ـز	ز	ز
ـس	ـسـ	سـ	س
ـش	ـشـ	شـ	ش
ـص	ـصـ	صـ	ص
ـض	ـضـ	ضـ	ض
ـط	ـطـ	طـ	ط
ـظ	ـظـ	ظـ	ظ
ـع	ـعـ	عـ	ع
ـغ	ـغـ	غـ	غ
ـف	ـفـ	فـ	ف
ـق	ـقـ	قـ	ق
ـك	ـكـ	كـ	ك
ـل	ـلـ	لـ	ل
ـم	ـمـ	مـ	م
ـن	ـنـ	نـ	ن
ـه	ـهـ	هـ	ه
ـو	ـو	و	و
ـي	ـيـ	يـ	ي

Topic 1
Why Study Arabic?
لماذا نتعلم اللغة العربية؟

Vocabulary
المفردات

peace be upon you	السلام عليكم
and peace be upon you	وعليكم السلام
I	أنا
nice to meet you	تشرفنا
Classroom	صف
Arabic language	اللغة العربية
days of the week	أيام الاسبوع
Saturday	السبت
Sunday	الأحد
Monday	الاثنين
Tuesday	الثلاثاء
Wednesday	الأربعاء
Thursday	الخميس
Friday	الجمعة
Day	يوم
Week	أسبوع
today	اليوم
tomorrow	غداً
yesterday	أمس
schedule	جدول

Listening Activity 1

Listen to the following conversation between a man and a woman who are introducing themselves (audio file provided at www.msupress.org/Arabic).

السلامُ عليكم

وعليكم السلام

أنا ليلى

وأنا سمير

تشرّفنا

تشرّفنا

Pixabay.com

Speaking Activity 1

Your teacher will introduce himself or herself to the whole class in the same manner as in the Listening Activity. Working with a partner, practice introducing yourselves to each other.

Now assemble into groups of four. Take turns introducing your original partner to the rest of the group.

Pixabay.com

Writing Activity 1. Days of the Week

Draw a line to match the Arabic day of the week with the English equivalent. Then write the Arabic words in sequence in the table underneath.

Monday	السبت
Friday	الثلاثاء
Tuesday	الجمعة
Thursday	الاثنين
Sunday	الأحد
Saturday	الأربعاء
Wednesday	الخميس

Writing Activity 2. Numbers 1–10

١٠ ٩ ٨ ٧ ٦ ٥ ٤ ٣ ٢ ١
1 2 3 4 5 6 7 8 9 10

Working in pairs, write the number of the following items you see inside your classroom.

العدد	الاسم
	قلم
	طاولة
	باب
	طالب
	كتاب
	كمبيوتر
	صف
	أيام الأسبوع

Writing Activity 3. Arabic Alphabet

Match each non-connector letter with the words that contains the same letter.

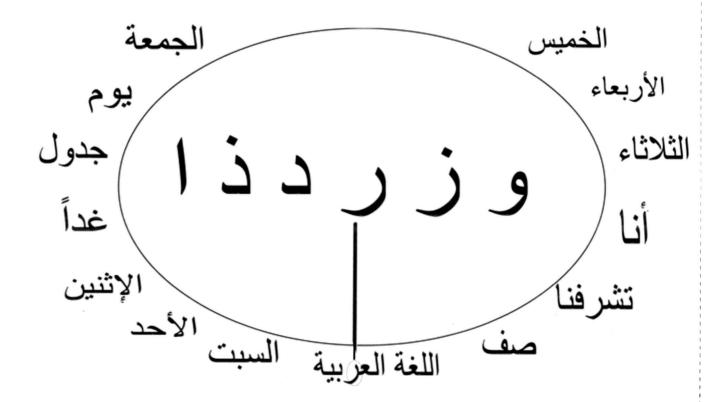

Writing Activity 4

Circle the non-connectors in each set.

أ - ج - ل - م - ك
ن - ف - ق - ذ - خ
ر - ظ - ت - ز - ث
ع - و - غ - ط - ث
د - ب - ج - هـ - ق

Writing Activity 5

Write the appropriate number of items beside each picture.

For example:

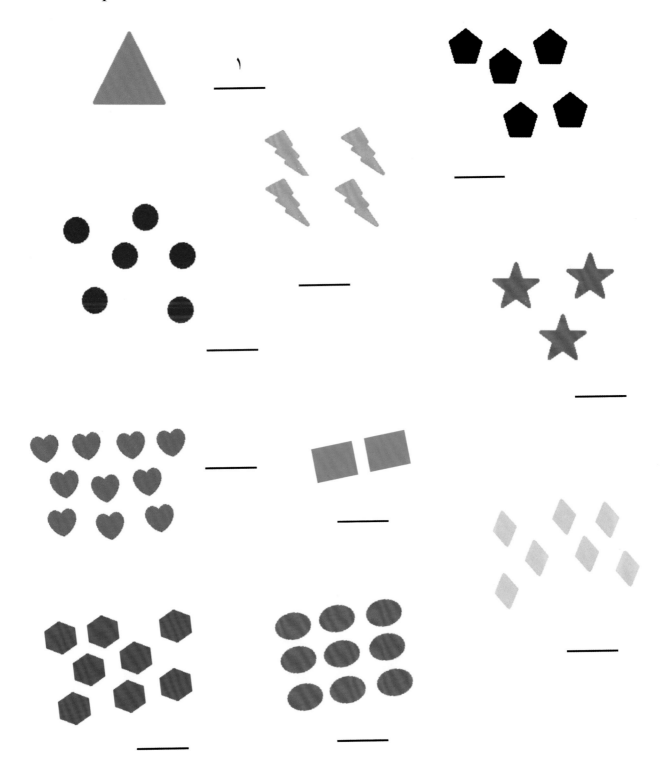

Writing Activity 6

Say and write what days of the week you do each of activities suggested by the picture.

_____

Pixabay.com

_____

Pixabay.com

_____

_____

Pixabay.com

Writing Activity 7. Making Words

Connect the letters together to make a word in Arabic.

The letters

ا، و ، ذ ، ر ، ز

are non-connector letters.

مثل : أ، ن، ا = أنا

ص، ف =

____

أ، ي، ا، م = _______________________________

ا، ل، ل،غ، ة = _____________________________

ت، ش، ر، ف، ن، ا = _________________________

ج، د، و، ل = _______________________________

ي، و، م = __________________________________

غ، د، آ = ___________________________________

ا، ل، ث، ل، ا، ث، ا، ء = ____________________

ا، ل، ج، م، ع، ة = __________________________

ا، ل، س، ل، ا، م + ع، ل، ي، ك، م = __________

Writing Activity 8

Fill in the blanks.

السبت ـ العربية ـ اليوم ـ الأحد ـ تشرفنا ـ جدول ـ غداً

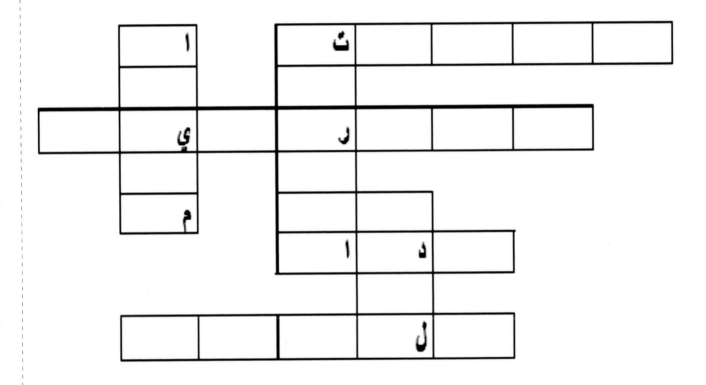

Reading Activity 1

Find the Arabic words in the puzzle.

السبت - الأحد - الاثنين - الثلاثاء - الأربعاء - الخميس - الجمعة - أيام - الأسبوع

			ا					
			ل	ا				
			ج	ل				
			م	س				
ب	ء	ا	ع	ب	ر	ا	ل	ا
ص		ا	ة	ت	ل		د	ب
ن	ي	ن	ث	ا	ل	ا	ذ	ت
غ	ى		ح	ا		ش	ر	ث
ج	و	د	ي	ج	ل	و	ز	ج
ر	ف	ا	ي	ر	ا	ث	س	ح
ء	م	ه	س	ي	م	خ	ل	ا
ك	ق	ع	و	ب	س	ا	ل	ا

Reading Activity 2

Give the English word for each of the following Arabic words.

السبت
_____   _____

الأحـد
_____   _____

الاثنين
_____   _____

الثلاثاء
_____   _____

الأربعاء
_____   _____

الخميـس
_____   _____

الجمعة
_____   _____

أيام
_____   _____

الأسبوع
_____   _____

Pixabay.com

Reading Activity 3

Fill in the blank box with the correct masculine or feminine form of each word.

ليلى	سمير
	طالب
أستاذة	
	أمريكي
مصرية	
جميلة	
	كبير
	صغير
طويلة	
	تعبان
	ممتاز
سعيدة	
لبنانية	

Cultural Activity 1. Who Speaks Arabic?

Arab Countries

Designed by M. Alnajjar

Quick Facts

- There are more than 250 million people who speak Arabic in the world.
- Arabic is the official language of 22 countries.
- The Arabic language is more than 2,000 years old, some even believe it's as old as the eighth century BC (although not written in the current Arabic alphabet).
- Arabic became the dominant language of the Middle East by around AD 632.
- Arabic influenced other languages, including Persian, Turkish, Spanish, Swahili, Urdu, and English.
- Arabic is one of the official languages of the United Nations.

Cultural Activity 2. Idioms

Discuss the following idiom with your class:

من جد وجد ومن زرع حصد.

If you work hard you will succeed.

Amaltable.com

مَن جَدَّ وَجَد

وَمَن زَرَعَ حَصَد

Cultural Activity 3. Arabic Loan Words in English

In small groups, search the Internet for English words of Arabic origin. When you find a word, add it to the chart along with its meaning. Share your chart with the rest of class.

English Word	Meaning	Arabic Word
algebra	a branch of mathematics	الجبر

Cultural Activity 4

After listening to your teacher read the word in Arabic from column A, match it with the English equivalent in column B.

A	B
غربلة	safari (trip)
منارة	minaret (mosque tower)
سفر	ream (bundle)
ليمون	sugar (food)
مومياء	jar (pot)
رزمة	lilac (light purple)
صحراء	garble (distort, confused)
زعفران	chemistry (science)
سكر	sherbet (a kind of drink)
شراب	almanac (weather directory)
درزن	satin (glossy fabric)
صوفة	lemon (fruit)
ليلك	sofa (couch)
مسجد	jasmine (flower)
كيمياء	mummy (preserved body)
مناخ	mosque (a place of worship)
زرافة	dozen (group of 12)
جرة	giraffe (animal)
ياسمين	sahara (desert)
ستان	saffron (spice)

Topic 2
Modern Standard Arabic and Dialects
اللغة العربية وتنوعاتها

Vocabulary

المفردات

hello	مرحباً
name	اسم
you	أنتَ / أنتِ
my birthday	عيد ميلادي
my country	بلدي
month	شهر
calendar	تقويم
January	كانون الثاني
February	شباط
March	مارس
April	نيسان
May	أيار
June	حزيران
July	تموز
August	آب
September	أيلول
October	تشرين الأول
November	تشرين الثاني
December	كانون الأول

Listening Activity 1

After listening to the teacher read the following questions or the audio files (provided at www.msupress.org/Arabic), record your responses below.

مرحباً. _____ _____

ما اسمك؟ _____ _____

تشرفنا. _____ _____

من أين أنت؟ _____ _____

في أي شهر عيد ميلادك؟ _____ _____

السلام عليكم _____ _____

وعليكم السلام _____ _____

Listening Activity 2. Listen and Match

Listen to the teacher read a sequence of words. Write the number 1 beside the first word you hear, number 2 beside the second word you hear, and so on.

تشرفنا	
اسمي	
مرحبا	
أنتِ	
السلام عليكم	
اللغة العربية	
أنا	
أنتَ	

Speaking Activity 1

Create a photo story.

1. In pairs, record this brief conversation between you and your partner. Save the conversation on your computer.

مرحباً

مرحباً

اسمي أمل. وأنتَ؟

اسمي محمد. أنا من اليمن. وأنتِ؟

أنا من لبنان

تشرفنا

تشرفنا

2. Add pictures of yourself and your partner to the conversation. You can also add Arabic music and maps of your country, state, city, etc.
3. Share your photo story presentation with the class.

Reading Activity 1

Look at each picture and fill the spaces provided with the suitable word from the box.

مرحباً - أهلاً

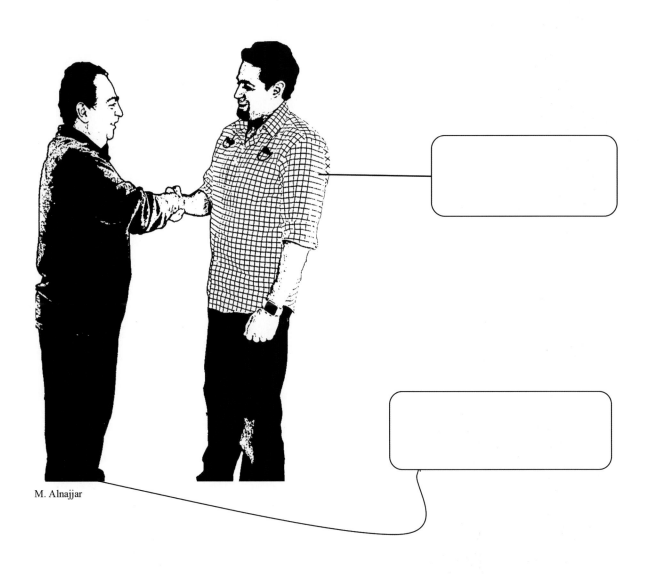

M. Alnajjar

أنا محمد   -   وأنا علي

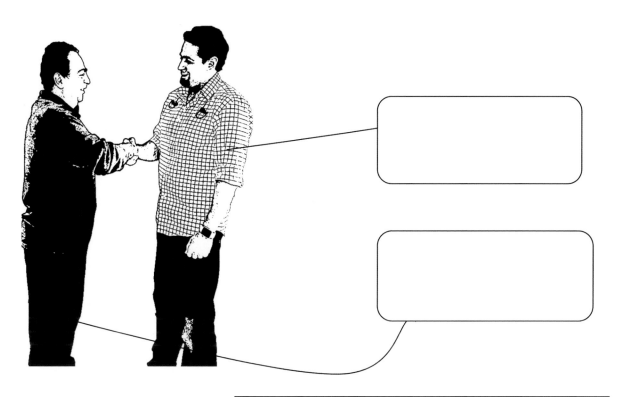

عيد ميلادي في شهر أيار   -   وأنا في كانون الأول

Reading Activity 2

Write the Arabic name for the month next to its English equivalent.

> آذار ـ كانون الثاني ـ أيلول ـ نيسان ـ شباط ـ تموز ـ تشرين الأول ـ أيار ـ تشرين الثاني ـ
> كانون الأول حزيران ـ آب

January   _____

February   _____

March   _____

April   _____

May   _____

June   _____

July   _____

August   _____

September   _____

October   _____

November   _____

December   _____

Reading Activity 3

Place a *shadda* (see Writing Activity 9 for an introduction to the *shadda*) on the appropriate letter in each of the following words.

الشمس	الطالب
الساعة	الدفتر
اللعب	النمر
اللغة	معلم

Reading Activity 4

Look at each word, recognize the *tanwin* (see Writing Activity 10 for an introduction to the *tanwin*), and place the *sukoun* (see Writing Activity 8 for an introduction to the *sukoun*).

بابٌ شهراً

دفترٌ بيتٌ

اسمٍ مقعداً

Writing Activity 1. Reviewing Numbers

Write the number in Arabic to complete the following.

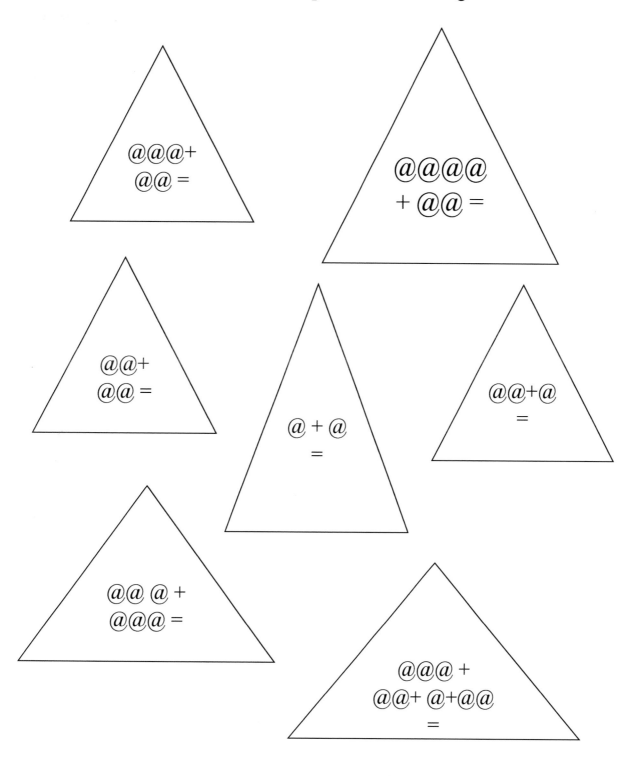

Writing Activity 2. Numbers 11–20

Write the numbers in Arabic.

20 19 18 17 16 15 14 13 12 11

Writing Activity 3

Say and write the number in Arabic to complete the following.

_____ = 4 + 10

_____ = 2 + 9

_____ = 8 + 12

_____ = 3 + 16

_____ = 2 + 15

_____ = 4 + 2 + 10

_____ = 3 + 5 + 4 + 3

_____ = 4 + 14

_____ = 5 + 8

_____ = 6 + 6

Writing Activity 4

Copy the following words.

السبت -
_____

الأحـد -
_____

الاثـنين -
_____

الثلاثاء -
_____

الأربعاء -
_____

الخميـس -
_____

الجمعة -
_____

أيام الأسبوع -
_____

Writing Activity 5. Making Words

Connect the letters in each line below to make a word.

صلْ الحروف لتركيب كلمات مفيدة

ا ، ل ، س ، ب ، ت = _____

ا ، ل ، أ ، ح ، د = _____

ا ، ل ، إ ، ث ، ن ، ي ، ن = _____

ا ، ل ، ث ، ل ، ا ، ث ، ا ، ء = _____

ا ، ل ، أ ، ر ، ب ، ع ، ا ، ء = _____

ا ، ل ، خ ، م ، ي ، س = _____

ا ، ل ، ج ، م ، ع ، ة = _____

أ ، ي ، ا ، م = _____

ا ، ل ، أ ، س ، ب ، و ، ع = _____

Writing Activity 6. Months of the Year
أشهر السنة

Write the equivalent English word next to the Arabic word.

كانون الثاني
_____

شباط
_____

آذار
_____

نيسان
_____

أيّار
_____

حزيران
_____

تمّوز
_____

آب
_____

أيلول
_____

تشرين الأوّل
_____

تشرين الثّاني
_____

كانون الأوّل
_____

Writing Activity 7

Copy the following words.

كانون الثاني ______________________

شباط ______________________

آذار ______________________

نيسان ______________________

أيّار ______________________

حزيران ______________________

تـمّوز ______________________

آب ______________________

أيلول ______________________

تشرين الأوّل ______________________

تشرين الثّاني ______________________

كانون الأوّل ______________________

مرحباً ______________________

اسـم ______________________

أنت ______________________

عيد ميلادي ______________________

بلدي ______________________

شـهر ______________________

تقويم ______________________

Writing Activity 8. Sukoun
السكون

Whenever a consonant is not followed by a vowel, it gets a mark called a *sukoun* (السكون), a small circle (ْ) that represents the end of a closed syllable. It sits above the letter that is not followed by a vowel. For example: شهرْ   أمْس

Put a *sukoun* (ْ) above the red letters.

مرحباً ، اسم ، أنت ، حزيران ، أيلول ، تشرين الأول .

Writing Activity 9. Shadda
الشدّة

The *shadda* (الشدّة) represents doubling of a consonant, where the same consonant occurs twice in a word with no vowel in between. Instead of a consonant + *sukoun* + consonant, the consonant is written only once, and a *shadda* is written above it. For example: تـمّوز

Replace the redundant letter with a *shadda*.

مثل: تمموز – تمّوز _____ _____

السسلام : _____ _____

تشررفنا : _____ _____

أييام : _____ _____

السسبت : _____ _____

أييار : _____ _____

Writing Activity 10. Tanwin

التنوين

Tanwin (التنوين) is the addition of a final *noon* (ن) sound using the sign of

- *Tanwin al ddam*   تنويين الضم   شهرٌ
- *Tanwin al fateh*   تنوين الفتح   شهرً

An *alif* (ا) should be written unless the word ends with *taa marbouta* (ة) or *hamza* (ء) (for example: سماءً - معلمةً)

- *Tanwin al kaser*   تنوين الكسر   شهرٍ

ـِ	ـٌ	ـً (ا)	الكلمة
اسمٍ	اسمٌ	اسماً	اسـم
			شـهر
			أسـبـوع
			يوم
			جدول
			تقـويم

Writing Activity 11. Long Vowels

و is the long vowel *u* (like the *oo* in *soon*). It also represents the consonant *w*.

و is used to represent the long vowel in أيلول

ا is the long vowel *a*. ا is used to represent the long vowel in باب

ي is the long vowel *e* (like the *ee* in *deep*). It also represents the consonant *y*.

ي is used to represent the long vowel in بلدي

Underline the long vowels.

كانون الثاني ـ شباط ـ آذار ـ نيسان ـ أيّار ـ حزيران ـ تـمّوز ـ آب ـ أيلول ـ تشرين الأوّل ـ تشرين الثّاني ـ كانون الأوّل

Writing Activity 12

Match the word with its meaning by drawing a line.

English Word	Arabic Word
calendar	مرحباً
my birthday	شـهر
hello	تـقويـم
you	عيد ميلادي
month	أسـبـوع
week	سنة
year	أنتَ / أنتِ

Writing Activity 13. Nisba
النسبة

Nisba (النسبة) is a suffix used to form adjectives of relation. The suffix ـِيّ -*iyy*- is used for masculine words, and ـِيّة – *iyya* is used for feminine words.

For example: Lebanon → Lebanese

لبنان← لبناني   or   لبنانية

Write the *nisba* for each of the following.

ليلى	سمير	
عراقية	عراقي	For Example: عراق
		أردن
		يمن
		مصر
		أمريكا
		مغرب

Modern Standard Arabic versus Spoken Arabic

We spoke earlier of the differences between Modern Standard Arabic (MSA) and dialects. MSA is the official language that is used in books, news, and official transactions, whereas spoken Arabic (or colloquial Arabic) is used in everyday conversations. Due to the large size and diversity of the Arab world, different dialects emerged in different regions.

There are five main Arabic dialects.

1. Levantine (لهجة بلاد الشام) is spoken in Lebanon, Syria, Jordan, and the Palestinian territories.

2. Arabian Peninsula (اللهجة الخليجية) is spoken in Saudi Arabia, Kuwait, Bahrain, Qatar, etc.

3. Iraqi (اللهجة العراقية) is spoken in Iraq.

4. Egyptian (اللهجة المصرية) is spoken in Egypt.

5. Maghrebi (اللهجة المغاربية) is spoken in North Africa, in countries such as Morocco, Libya, and Tunisia.

Within each regional dialect, subdialects emerged due to geographical distribution and the cultural diversity of the region. For example, Levantine Arabic can be divided into Lebanese dialect, Syrian dialect, Jordanian dialect, and Palestinian dialect. Although similar, they have some differences in pronunciation, words, and expressions used in each dialect.

Cultural Activity 1

Divide into groups. Choose and research a certain country and write a report to identify the dialect(s) and language(s) spoken in that country. Reports may also include additional information, such as the country's flag, a map, its population, a popular meal or recipe, etc.

With your group, present your findings to the rest of the class.

commons.wikimedia.org

Cultural Activity 2

Working in the same groups as in Cultural Activity 1, create a stamp representing the country you researched. Stamps should include the name of the country, its currency, and a symbol of the country. Assemble all of the stamps into a collage.

commons.wikimedia.org

commons.wikimedia.org

commons.wikimedia.org

Months of the Year
أشهر السنة

Earlier in the unit you learned the names of the months in Arabic. In certain regions, Egypt for instance, different words are used to represent months of the year. In the table below are names of the months in Modern Standard Arabic and their equivalent in Egypt.

English	MSA	Egyptian
January	يناير	كانون الثاني
February	فبراير	شباط
March	مارس	آذار
April	أبريل	نيسان
May	مايو	أيار
June	يونيو	حزيران
July	يوليو	تموز
August	أغسطس	آب
September	سبتمبر	أيلول
October	أكتوبر	تشرين الأول
November	نوفمبر	تشرين الثاني
December	ديسمبر	كانون الأول

Cultural Activity 3. Idioms

Discuss the following idiom with your class:

خير الكلام ما قلّ ودل.

Brevity is the soul of wit.

This idiom confirms that speaking meaningfully and concisely is a sign of intelligence and wit.

Pixabay.com

Topic 3
Roots and Patterns
اللغة العربية ونظامها

Vocabulary

المفردات

Good evening	مساء الخير
Good evening (response)	مساء النور
lesson	درس
Really?	حقاً؟
how	كيف
was	كان
pleasant	ممتع
teacher	مدرّس / مدرّسة
nice	لطيف / لطيفة
the weather	الجو
rainy	ممطر
sunny	مشمس
cloudy	غائم
windy	عاصف
hot	حار
cold	بارد
winter	الشتاء
spring	الربيع
summer	الصيف
fall/autumn	الخريف
family tree	شجرة العائلة
root	الجذر

Listening Activity 1

Listen to the sentences (audio file provided at www.msupress.org/Arabic), then number them in the order they occur in the conversation.

اسمي سمير. وأنتِ؟ ☐

كان الدرس ممتعاً والمُدرّسة لطيفة ☐

أنا من اليمن ☐

حقاً؟ كيف كان الدرس؟ ☐

من أين أنت؟ ☐

مساء النور ☐

نعم. حضرت درس اللغة العربية. ☐

اسمي ليلى. أنا من لبنان ☐

إلى اللقاء... ☐

مع السلامة ☐

مساء الخير ☐

هل حضرت درس اللغة العربية؟ ☐

Listening Activity 2

Listen to the words and break them down into individual letters.

	ء	ا	س	م

مَنْ سَارَ عَلَى الدَّرْبِ

وَصَلَ

Speaking Activity 1

What's in the picture?

Here are some leading questions.

هل الجو ممطر؟

ما اليوم؟

هل الجو حار؟

في أي فصل: الشتاء أم الصيف؟

Pixabay.com

Speaking Activity 2

Finish the conversation.

السلام عليكم

_____   _____

اسمي_____   وأنتِ؟   _____

من أين أنتَ. _____ ؟

أنا من _____ و   _____ ؟

تشرفنا

_____   _____

مع _____   _____

_____   _____

Reading Activity 1

Identify each of the following pictures using one of the words below.

ممطر ـ حار ـ غائم ـ الجو ـ عاصف ـ مشمس

_____   _____   _____

_____   _____   _____

Reading Activity 2

Practice reading the following words, and then look up their meanings in the dictionary.

Arabic Word	Meaning
كان	
مساء	
غائم	
الخير	
عاصف	
الشتاء	
الخريف	
حار	

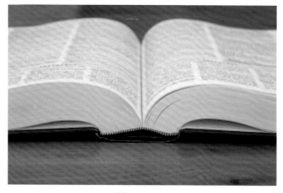

Pixabay.com

Reading Activity 3

Match each word in column A with the appropriate word in column B.

B	A
ممطر	الجو
الخير	الصيف
العربية	مساء
بارد	الشتاء
السبت	الدرس
ممتع	ليلى
الجمعة	الربيع
لطيفة	يوم
حار	غداً
لطيف	اللغة

Reading Activity 4

Read the following dialogue with a classmate. Then identify each word in the dialogue and fill in the blank.

دخل أحمد إلى الغرفة و قال: مساء الخير.

ردّ عليه علي: مساء النور ، كيف حالك؟

أحمد: بخير، شكراً.

دخل ــــــــــــــــــ الى الغرفة و قال : ــــــــــــــــــ الخير.

رد عليه علي : مساء ــــــــــــــــــ ، كيف حالك؟

أحمد : بخير، ــــــــــــــــــ .

Pixabay.com

Reading Activity 5. Matching Key Words with Their Meaning

Draw a line between the Arabic word and its meaning.

English Word or Phrase	Arabic Word or Phrase
how	مساء الخير
lesson	درس
Good evening	لطيف
really	حقاً
teacher	كيف
Good evening (response)	الجو
was	ممتع
interesting	مُدرس – مُدرسة
the weather	كان
nice	مساء النور

Reading Activity 6. Arabic-English Dictionary Practice

The teacher will give you a set of words. Working in small groups, identify the root of the word and then find its meaning using the *Hans Wehr Arabic-English Dictionary*.

Arabic Word	Arabic Root	English Meaning

Writing Activity 1. Numbers 21–100

Write the numbers in Arabic.

30 29 28 27 26 25 24 23 22 21

40 39 38 37 36 35 34 33 32 31

50 49 48 47 46 45 44 43 42 41

60 59 58 57 56 55 54 53 52 51

70 69 68 67 66 65 64 63 62 61

80 79 78 77 76 75 74 73 72 71

90 89 88 87 86 85 84 83 82 81

100 99 98 97 96 95 94 93 92 91

Writing Activity 2

Write the correct number in Arabic next to each question.

- How many days are in one week? _____

- How many hours are in one day? _____

- How many minutes are in one hour? _____

- How many days are in September? _____

- How many days are in March? _____

- How many days are in February? _____

- How many days are in February of a leap year? _____

- How many months are in one year? _____

Writing Activity 3

Now that you have learned the numbers and months in Arabic, write the month and day of your birthday and share it with the class. In Arabic, the day is written first, then the month.

Example: My birthday is November 26 (11/26).

في اللغة العربية: عيد ميلادي في 26 تشرين الثاني (11/26)

Pixabay.com

Writing Activity 4. Making Words

تركيب الكلمات

Connect the letters to make a word.

الحروف لتركيب كلمات مفيدة. °صل

م ، س، ا ، ء = ______________________________

ا ، ل ، ن ، و ، ر = ______________________________

ا ، ل ، خ ، ي ، ر = ______________________________

م ، م ، ت ، ع = ______________________________

ل ، ط ، ي ، ف ، ة = ______________________________

م ، م ، ط ، ر = ______________________________

م ، ش ، م ، س = ______________________________

ع ، ا ، ص ، ف = ______________________________

ب ، ا ، ر ، د = ______________________________

ا ، ل ، ش ، ت ، ا ، ء = ______________________________

ا ، ل ، ر ، ب ، ي ، ع = ______________________________

ا ، ل ، ص ، ي ، ف = ______________________________

ا ، ل ، خ ، ر ، ي ، ف = ______________________________

ك ، ا ، ن = ______________________________

Writing Activity 5

Following the example below, change the words from masculine to feminine by adding the "tied *ta*" **(ـة) (ة)**.

أضف التاء المربوطة (ة) (ـة) إلى المفردات التالية لتحويلها من المذكر إلى المؤنث.

مثل : جميل – جميلة   تلميذ – تلميذة

طالب ـ _____

ثلاث ـ _____

نـشيط ـ _____

أمريكي ـ _____

حار ـ _____

بارد ـ _____

مـمـتـع ـ _____

لطيف ـ _____

مدرّس ـ _____

Writing Activity 6

Fill in the blank with one of the following letters.

إملأ الفراغ بأحد الحروف التالية : ب ، بـ ، بـ ، ـب – ـت ، تـ ، تـ ، ـت – ث ، ثـ ، ثـ ، ـث ، ن ، نـ ، نـ ، ـن .

في الســ.....ـة أر....ـعة فصول : الشــ.....اء ، الر.... يـع ، الصيف و الخـريـف.

الجو في كا....ـو...... الــ.....ا .....ـي مـ.....لج .

في الر...ـيـع الطـقـس مـمـ ....ع.

لفصل الخـريـف .....لا.....ـة أشـهـر هي : ...شـريـ.... الأوّل ، ...شـريـ.... الـ ....ـا...ـي ، كا....ـو..... الأوّل .

....موّز هـو سـا...ع شـهر في الـسـ.....ـة.

عيد ميلادي في شـهر شـ.....ـاط .

ضع في المكان الفارغ : كيف الطقس اليوم؟ ممطر ، مشمس ، غائم أو عاصف ؟

Pixabay.com

Pixabay.com

Pixabay.com

Pixabay.com

Word Families, Roots, and Patterns

The Arabic language is based on roots and patterns. Recognizing the roots of words makes it possible to guess the meaning of new words related to the same root. If you are trying to find the meaning of a new word, find the root of the word first, and that will help you make connections and understand the new word.

Example: The new word is كاتب.

Find the root of the word, which is كتب.

كتب is a verb and means "to write," so كاتب means "writer."

Cultural Activity 1

Investigate and discuss the following questions:

    1. What is a "family tree"?

    2. How is "family tree" related to "root"?

    3. Is Arabic a root-oriented language? What does that mean?

    4. Is American culture diverse?

    5. Is Arab culture diverse?

Pintrest.com (Free Family Tree Template)

Cultural Activity 2

Part 1: Bring family pictures to class and create your own family tree.

Part 2: Write a narrative about the personal history of your family. Interview your family members, such as parents or grandparents, to learn family facts and stories.

Pixabay.com

Cultural Activity 3. Idioms

Discuss the following idiom with your class:

الولد على صورة أبيه.

Like father, like son.

This idiom is commonly used in Arabic. It means that the son is like and behaves like his father.

"Mike" Michael L. Baird, Commons.wikimedia.org

Cultural Activity 4

In small groups, share with your classmates ways you are similar to your parents.

Topic 4
Introductions and Greetings
التعارف والتحيات

Vocabulary
المفردات

Good morning	صباح الخير
Good morning (response)	صباح النور
How are you?	كيف الحال؟
Fine	بخير
Thank you	شكراً
this is (he)	هذا
this is (she)	هذه
new	جديد
student	طالب / طالبة
introduction	تعارف
Peace (greeting)	سلام
greeting	تحيّة
identity card	بطاقة شخصيّة
hobby	هواية
hug	عناق
kiss	قُبلة
See you	إلى اللقاء
Good night	تصبح على خير
please	رجاءً
if you don't mind	لو سمحت

Listening Activity 1

1. Listen to a recording of the following conversation as many times as needed (audio file provided at www.msupress.org/Arabic).

2. Practice saying the sentences by yourself or with a classmate.

3. Record an audio of the conversation and submit the file to your teacher.

صباح الخير.

صباح النور.

كيف الحال؟

بخير.. شكراً. و أنتَ؟

بخير.. شكراً.

هـذا يوسف. هـو طالب جديد.... يوسف: هذا حسن.

تشرفنا.

تشرفنا.

Speaking Activity 1

With a partner, randomly divide the vocabulary list into two stacks.

Look at the vocabulary list below and pick a phrase or a word. Ask your partner,

هل عندك جديد؟

Your partner looks in his or her stack and finds the card that says جديد

You keep the picture, and your partner says,

نعم. عندي جديد.

Your partner then picks another phrase or a word from the list and asks you in the same manner.

The questions and answers continue until each one of the players has no more cards.

Example:

تحية   /   سلام

Vocabulary List

شكراً	بخير	كيف الحال؟	صباح النور	صباح الخير
طالب / طالبة	جديد	هي	هو	هذ
هواية	بطاقة شخصية	تحية	سلام	تعارف
رجاءً	تصبح على خير	إلى اللقاء	لو سمحت	عناق

Speaking Activity 2

Working in pairs, create your own video introducing yourself, then introducing your partner. Share it in class.

Reading Activity 1

صباح الخير: أنا يوسف.

صباح الخير وأنا حسن، أهلاً.

يوسف: أنا طالبٌ جديد في هذه المدرسة، ماذا عنك؟

حسن: انا في الصف السابع.

يوسف: تشرفنا.

Work with a partner. Read and fill in the blank with the appropriate word using your name and personal information instead of the information written above.

صباح _____ : أنا _____ .

صباح الخير وأنا _____ ، أهلاً.

_____ : أنا _____ جديد في هذه _____ ، ماذا _____ ؟

_____ : أنا في الصف _____ .

_____ : _____ .

Reading Activity 2

Insert the missing letter in each of the following words, and then read the word aloud.

صبـ __ ـح	ـكـ
تحـ __ ـة	ا
جديـ __	ط
كانـ __ ـن	ا
شبا __	ـو
سلـ __ م	خـ
بـ __ ير	ـد
شـ __ ـراً	ـنـ
الـ __ ـور	ـيـ

Reading Activity 3

Read the list of words following the puzzle and locate each one in the puzzle.

ا	ر	ي	خ	ى	ل	ع	ح	ب	ص	ت
ل	ا	هـ	ر	هـ	ش	ح	ا	ب	ص	ا
ي	ل	و	ط	س	أ	ج	اً	د	غ	ل
ا	ر	ا	ا	م	ي	ج	د	و	ل	ش
ل	ب	ي	ب	ش	ا	ب	ل	ا	ط	ت
ل	ي	ة	ش	م	ر	اً	ر	ك	ش	ا
ق	ع	ل	ا	ح	ل	ا	ف	ي	ك	ء
ا	ا	ن	ت	ل	م	د	أ	ا	ا	س
ء	ل	ا	ش	و	ي	ي	س	ل	ل	ل
ت	خ	ر	ر	س	ل	ر	ب	س	ي	ا
ح	ر	ي	ف	م	ا	ط	و	ب	و	م
ي	ي	ز	ن	ح	د	م	ع	ت	م	د
ة	ف	ح	ا	ت	ي	م	ة	ل	ب	ق

صباح
السبت
غداً
جدول
شكراً
سلام
طالب

مشمس
لو سمحت
تحيّة
أسبوع
اليوم
الشتاء
الخريف
ممطر
الربيع

كيف الحال؟
قُبلة
إلى اللقاء
تصبح على خير
شهر
شباط
أيار
هواية
تشرفنا

Reading Activity 4

Read the number next to each circle, and inside it draw the correct number of items of whatever sort you choose.

اثنان

أربع

تسعة

خمسة

ستة

ثلاثة

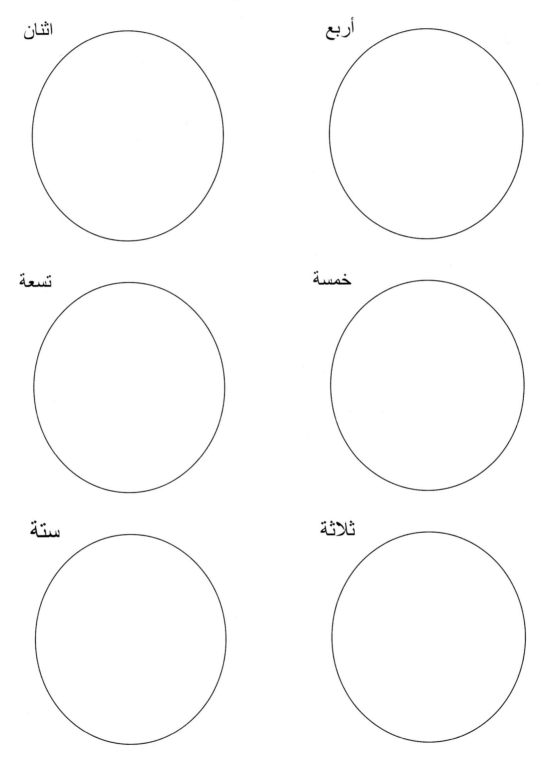

Reading Activity 5

Read the following sentences and circle the letters

ب - ج - ك - د - ل - ن - ذ

Then read each sentence out loud.

كتب سمير على اللوح الأخضر.

جلس يوسف على مقعد الحديقة.

أكلت سميرة الغداء مع أبيها.

Writing Activity 1. Making Words

Connect the letters below to make a word.

صلْ الحروف لتركيب كلمات مفيدة.

ص ، ب ، ا ، ح = ________________________

ا ، ل ، خ ، ي ، ر = ________________________

ك ، ي ، ف = ________________________

ا، ل ، ح ، ا ، ل = ________________________

ب ، خ ، ي ، ر = ________________________

ش ، ك ، ر ، اً = ________________________

هـ ، ذ ، ا = ________________________

هـ ، ذ ، ه = ________________________

ج ، د ، ي ، د = ________________________

ط ، ا ، ل ، ب = ________________________

ت ، ع ، ا ، ر ، ف = ________________________

س ، ل ، ا ، م = ________________________

ت ، ح ، ي ، ة = ________________________

ع ، ن ، ا ، ق = ________________________

هـ ، و ، ا ، ي ، ة = ________________________

ط ، ا ، ل ، ب ، ة = ________________________

ق ، ب ، ل ، ة = ________________________

Arabic Definite Articles

The definite article in Arabic is formed by adding the prefix الـ to the noun. الـ is equal to *the* in English. It should be connected to the noun. For example: قبلة – القبلة

Arabic Indefinite Articles

Arabic does not use indefinite articles (in English, *a* or *an*). Instead, Arabic adds a small modification at the end of the word, called *tanwin*: ـٍ – ـً – ـٌ

Example: لقاءً - لقاءٌ - لقاءٍ

Writing Activity 2

Add the definite article الـ to the following nouns:

أضف"الـ" إلى الكلمات التالية:

تحية - ____تحية - طالب - ____طالب - خير- ____خير - سلام - ____سلام

هواية - ____هواية - لقاء ____لقاء - رجاء ____رجاء - حال - ____حال .

Writing Activity 3. Matching Key Words with Their Meanings

Draw a line connecting the Arabic word to its meaning in English.

English Word or Phrase	Arabic Word or Phrase
Good morning	سلام
How are you?	هذه
fine	تعارف
Thank you	كيف الحال؟
this is (he)	طالب/ طالبة
this is (she)	بخير
new	جديد
student	شكراً
introduction	هذا
peace/greeting	صباح الخير
please	تحية
Good night	بطاقة شخصية
See you	هواية
kiss	عناق
hug	قبلة
hobby	إلى اللقاء
identity card	تصبح على خير
greeting	رجاءً

Writing Activity 4

Fill out your identification card including biographical information (name, age, class, and hobby). املأ البطاقة بمعلومات خاصة بك.

	الاسم
	العـمر
	الصف
	المدرسة
	الهواية
هذه صورتي	

Writing Activity 5

Fill in the blank with the missing number.

٢٩									٢٠
									٣٠
									٤٠
									٥٠
									٦٠
									٧٠
									٨٠
									٩٠

Cultural Activity 1. Arabic Customs in Greetings

In Arabic culture, showing respect and manners is very important when greeting and addressing people of different age, social status, education, and so on.

Part 1: Working in groups, research appropriate Arabic terms of address related to age, social status, earned degree, and so on.

Consider the following:

- In Arabic cultures, how do you address your friend? Your teacher? An older family member? A stranger?
- What are the appropriate formal and informal greeting terms and rituals, such as handshaking and kissing?

Part 2: Present your findings to your classmates. Then practice the greetings you have learned about with each other.

Cultural Activity 2

Part 1: Divide into groups. With your group, choose an Arabic country and research its particular greeting practices and terms of address.

Part 2: Present your findings to your classmates and discuss the following questions:

- What are the similarities in greeting practices and terms of address in different Arab countries?
- What are the differences?

اهلا

مرحبا

السلام عليكم

Cultural Activity 3

Divide into two groups. One group acts as hosts and the other as guests. Role-play having one group come for a visit and use the appropriate introductions and greetings. Reverse roles.

By M. Alnajjar

Cultural Activity 4. Idioms

Discuss the following with your class:

إذا حييتم بتحية، فحيوا بمثلها أو بأحسن منها.

When greeted, respond with the same or a better greeting.

In Arabic culture, when someone greets you, you respond with the same enthusiasm or more.

Pixabay.com

Unit 2

Relationships

العلاقات الإجتماعية

Topic 1
Who Am I?
من أنا؟

Vocabulary
المفردات

in	في
city	مدينة
Goodbye	مع السلامة
Where	أين
I	أنا
he	هو
she	هي
Iraq/Iraqi	العراق / عراقي
Lebanon/Lebanese	لبنان / لبناني
Yemen/Yemeni	اليمن / يمني
Egypt/Egyptian	مصر / مصري
the Arab nation	الوطن العربي
the Arab world	العالم العربي
the Middle East	الشرق الأوسط
nationality	جنسية
address	عنوان
street	شارع
state	ولاية
telephone number	رقم هاتف
of origin	من أصل

Listening Activity 1

1. Listen carefully to the following conversation as many times as needed (audio file provided at www.msupress.org/Arabic).

2. Pause the recording and repeat the phrases individually or with a partner.

مرحباً.

مرحباً.

اسمي زينب، ما اسمك؟

اسمي سعيد.

أنا من اليمن، من أين أنت؟

أنا من العراق.

تشرفنا.

تشرفنا.

أسكن في مدينة ديربورن، و أنت؟

أنا أسكن في مدينة ديترويت.

مع السلامة.

مع السلامة.

Listening Activity 2. Jigsaw

Listen to the recording of the conversation in Listening Activity 1 one more time (audio file provided at www.msupress.org/Arabic).

Then organize the following phrases in the sequence in which they occurred.

مع السلامة.	
أسكن في مدينة ديربورن، و أنت؟	
مرحبا.	
أنا من العراق.	
اسمي زينب، ما ا سمك؟	
مرحبا.	
أنا من اليمن، من أين أنت؟	
اسمي سعيد.	
تشرفنا.	
أنا أسكن في مدينة ديترويت.	
تشرفنا.	
مع السلامة.	

Speaking Activity 1. Using هي ، هو

Pick two of the following ID cards of famous Arab personalities, one male and one female.

Present the two ID cards to your class, telling them all about your choices in هو ، هي format.

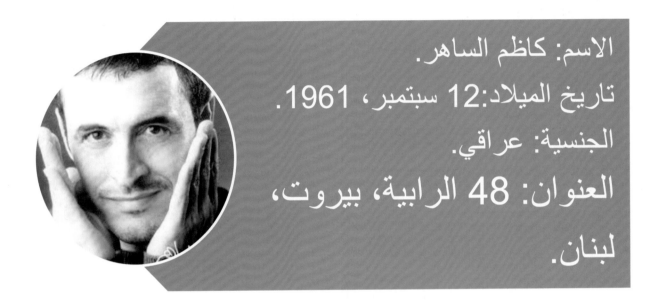

الاسم: كاظم الساهر.
تاريخ الميلاد:12 سبتمبر، 1961.
الجنسية: عراقي.
العنوان: 48 الرابية، بيروت، لبنان.

الاسم: نانسي عجرم.
تاريخ الميلاد: 16 مايو، 1983.
الجنسية: لبنانية.
العنوان: 84 شارع الحمرا، بيروت، لبنان.

الاسم: نزار قباني.

تاريخ الميلاد:21 مارس، 1923.

الجنسية: سوري.

العنوان: منشورات نزار قباني -

بيروت ، لبنان.

الاسم:غادة شعاع.

تاريخ الميلاد: 10 سبتمبر، 1972.

الجنسية: سورية.

العنوان:504، شارع 16، بون، ألمانيا.

Speaking Activity 2

In the same manner as the conversation in Listening Activity 1, interview a classmate and make a short video of the interview.

commons.wikimedia.org

Reading Activity 1

With a partner, read the following dialogue.

مرحباً، أنا حسن: أنا من لبنان.

أعيش في مدينة صور.

هذه هي مدينتي.

أين تعيش أنتَ؟ / أين تعيشين أنتِ؟

مرحباً، أنا تامر: أنا من مصر.

أعيش في مدينة القاهرة.

هذه هي مدينتي.

أين تعيش أنتَ؟ / أين تعيشين أنتِ؟

مرحباً، أنا زينب: أنا من العراق.

أعيش في مدينة البصرة.

هذه هي مدينتي.

أين تعيش أنتَ؟ / أين تعيشين أنتِ؟

مرحباً، أنا سعيد: أنا من اليمن.

أعيش في مدينة صنعاء.

هذه هي مدينتي.

أين تعيش أنتَ؟ / أين تعيشين أنتِ؟

مرحباً، أنا سمير: أنا من المغرب.

أعيش في مدينة مراكش.

هذه هي مدينتي.

أين تعيش أنتَ؟ / أين تعيشين أنتِ؟

مرحباً، أنا ليلى: أنا من سورية.

أعيش في مدينة حمص.

هذه هي مدينتي.

أين تعيش أنتَ؟ / أين تعيشين أنتِ؟

مرحباً، أنا مايكل: أنا من ولاية ميتشيغن.

أعيش في مدينة ديربورن.

هذه هي مدينتي.

Reading Activity 2

In the list of words below circle the following letters:

س - ش - ص - ض

حرس	درس
شمس	مريض
نمر	صندوق
صاروخ	صينية
ضبع	شعر
شرس	صفر
بارد	قصر

Reading Activity 3

Work with a partner and read the conversations, then fill in the blank
with the appropriate information.

مرحباً، أنا حسن: أنا من _____.

أعيش في مدينة _____.

مرحباً، أنا تامر: أنا من _____.

أعيش في مدينة _____.

مرحباً، أنا زينب : أنا من _____.

أعيش في مدينة _____.

مرحباً، أنا سعيد: أنا من _____.

أعيش في مدينة _____.

مرحباً، _____ سمير: أنا من _____.

أعيش _____ مدينة مراكش.

_____ ، _____ ليلى: _____ من _____.

أعيش _____ _____ حمص.

_____ ، _____ : _____ _____ _____ _____.

_____ _____ _____ ديربورن.

Reading Activity 4

Let's review numbers. Write the correct digit next to each word.

أربعة _____ ثمانية _____ عشرة _____

ستة _____ سبعة _____ ثلاثة _____

اثنان_____ خمسة _____ واحد _____

Complete this chart with the numbers.

					٥				
									٢١
١٠٠									

Reading Activity 5

Let's play Pictionary!

Split into teams. Taking turns, a representative from each team comes to the front of the room and is shown a hidden word that the class has learned in a previous topic. The representative draws pictures to suggest the word, and the first team to guess it wins the points for that round. Repeat with several words.

pixabay.com

Reading Activity 6

Create a short video (or write a script for a video) about yourself.
Include the following information:

الاسم.

العنوان.

العمر.

المنزل / الغرفة.

أفراد الأسرة.

المدرسة.

المادة المفضلة.

_____

_____

_____

_____

_____

_____

_____

Writing Activity 1. Making Words

تركيب الكلمات

Connect the letters below to make a word.

صلْ الحروف لتركيب كلمات مفيدة:

م + د + ي + ن + ة = _____

ع + ر + ا + ق + ي = _____

ل + ب + ن + ا + ن + ي = _____

ي + م + ن + ي = _____

م + ص + ر + ي = _____

ا + ل + ع + ر + ب + ي = _____

ا + ل + و + ط + ن = _____

ج + ن + س + ي + ة = _____

ع + ن + و + ا + ن = _____

ش + ا + ر + ع = _____

و + ل + ا + ي + ة = _____

ر + ق + م = _____

هـ + ا + ت + ف = _____

Writing Activity 2. Matching Key Words with Their Meaning

صل الكلمة بمعناها مستعيناً بالسهم :

English ⟵⟶	Arabic

The Arabic Nation	مع
Where	مدينة
the Middle East	مع السلامة
the Arab world	إلى
from	هو
she	الوطن العربي
he	الشرق الأوسط
goodbye	أين
to	من
with	العالم العربي
city	هي

أحرف الجر: (من – في – مع)

يُعرّف حرف الجر بارتباطه مع غيره، ويلعب حرف الجر دوراً مهماً في تركيب الجملة مثل:

أنا من اليمن - هو في لبنان - أدرس مع أخي.

Writing Activity 3

املأ الفراغ بحرف الجرّ المناسب: (من – في – مع)

1. يريد رامي السفر ______ اليمن ______ أهلِهِ.

2. تضع الطعام ______ الثلاّجة.

3. أشتري الكتاب ______ المكتبة.

4. أنا ______ أصلٍ عربيّ.

5. أضع الحليب ______ القهوة.

6. لم أجد أمي ______ البيت.

Writing Activity 4. Singular Subject Pronouns

الضمائر: هي/ هو/ أنتِ / أنتَ / أنا

املأ الفراغ بالضمير المناسب:

1. ــــــــــ أحبُ أمي كثيراً.

2. ــــــــــ سافرتَ إلى القاهرة.

3. ــــــــــ لعبتِ مع أختي .

4. ــــــــــ تأكلُ الحلوى كلّ يوم.

5. ــــــــــ ذهبَ إلى السّوق.

6. ــــــــــ زُرتِ أُمّكِ في البيت.

7. ــــــــــ استمعتَ إلى الموسيقى.

8. ــــــــــ تقرأُ الدّرسَ.

ملاحظة: العدد ١ و ٢ يتطابقان مع المعدود. مثل: ولد واحد ـ بنت واحدة ـ صحيفتان اثنتان ـ صحيفتين اثنتين ـ كتابان اثنان ـ كتابين اثنين.

أمّا الأعداد من ٣ حتّى ١٠ فلا تتطابق مع المعدود. مثل: تسعة وجوه - سبع وردات.

العدد	المعدود	المعدود
واحد	ولد	
اثنتان	سيارتان	
ثلاث	إجاصات	
أربع	قطات	
خمسة	كتب	
ست	تفاحات	
سبع	وردات	
ثمانية	كراسي	
تسعة	وجوه	
عشر	سيارات	

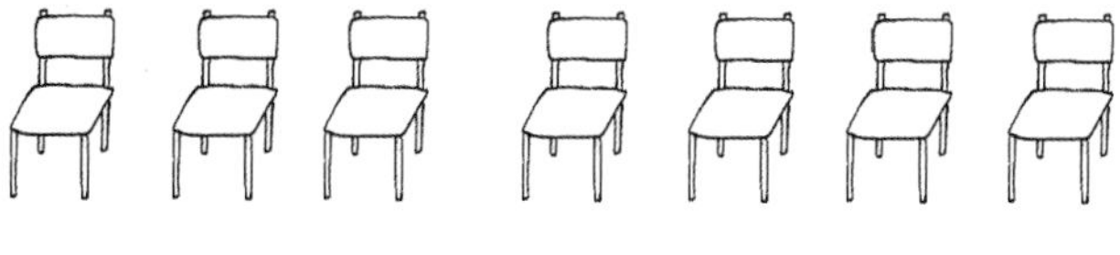

Writing Activity 5

ضع العدد المناسب أمام الصورة.

مجلة ـــــــــــــــــ

ولدان ـــــــــــــــــ

ـــــــــــــــــ تفاحات.

ـــــــــــــــــ. وردات.

ـــــــــــــــــ أكواب.

ـــــــــــــــــ بيوت.

Cultural Activity 1. Idioms

Discuss the following idiom with your class:

اعرف نفسك أولاً قبل أن تعرف الآخرين.

First, know yourself before you know others.

Cultural Activity 2

Complete the following table comparing social behaviors in Arabic and American cultures.

American	Arabic
When people are invited to a party, they take a gift. The hosts open the gifts in the presence of the visitors.	
People arrive within fifteen minutes of the appointed time.	
People introduce themselves.	
People make direct eye contact with the other person.	
People shake hands when they meet others for the first time.	
People try to start a conversation with someone they don't know.	

Cultural Activity 3

Discuss the following questions in groups.

   1. In which situations is social behavior in the United States different from behavior in Arabic culture?

   2. In which situations is behavior similar?

With a partner, practice the social situations mentioned in the table in Cultural Activity 2, once as they would occur in American culture and once in Arabic culture. Notice the similarities and differences between the two cultures.

Topic 2
My Family and Friends
عائلتي وأصدقائي

Vocabulary

المفردات

family	عائلة
father	أب
mother	أم
brother	أخ
sister	أخت
school	مدرسة
home	بيت
met	قابل
like	أحب
dislike	لا أحب
bedroom	غرفة نوم
guest room	غرفة استقبال
kitchen	مطبخ
bathroom	حمّام
closet	خزانة
table	طاولة
chair	كرسي
spoon	ملعقة
fork	شوكة
knife	سكين

Listening Activity 1. Listen with a Partner

(Audio file provided at www. msupress.org/Arabic.)

اسمي هاشم. أنا أسكن في مدينة ديربورن مع عائلتي. أبي يعمل في مكتب بريد و أمي تعمل في

بنك. أخي يدرس في جامعة ولاية ميتشيغن و أختي تدرس معي في المدرسة الثانوية.

Speaking Activity 1. Poster Project

On a poster board make a collage of your family pictures. Label or mark each picture with the appropriate name. Use as many vocabulary words as you can. For example, one picture might say:

يوم السبت، تجتمع أسرتي على العشاء، أحب بيتي . . .

Present your poster to your teacher and classmates.

Speaking Activity 2

أحب – لا أحب

Work in groups of three to five members. Each member of the group states five preferences regarding favorite food, sport, TV show, etc. The other members make an audio or video recording or write down the information. They then present to the class what have learned about another member of their group.

Examples:

زينب تحب فصل الصيف.

سمر تحب الأفلام الأمريكية.

أحمد لا يحب كرة السلة.

وليد يحب ــــــــــــــــــــــــــــــــــــ

سامي لا يحب ــــــــــــــــــــــــــــــــ

لينا لا تحب ــــــــــــــــــــــــــــــــ

Speaking Activity 3

Take five photos of your home and five photos of your family.

Make a PowerPoint presentation. Use the audio feature to describe your house and family.

Share your work with your class.

Reading Activity 1

Match the following words with their picture identification.

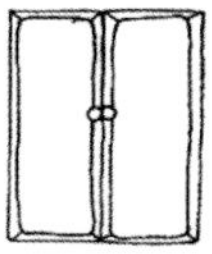	أُم
	أب
	بيت
	كرسي
	سكين
	شوكة
	غرفة نوم
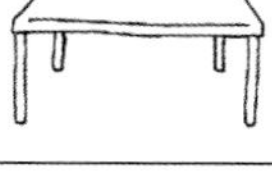	ملعقة
	طاولة
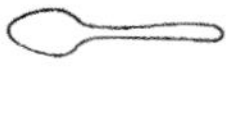	خزانة

Reading Activity 2

In the following sentences, write a suitable word in the blank space.

1. ذهب _____ إلى العمل.

2. أكل الولد اللحمة بـ _____ .

3. نام أخي في _____ .

4. قطع أحمد التفاحة بـ _____ .

5. تذوق علي الحساء بـ _____ .

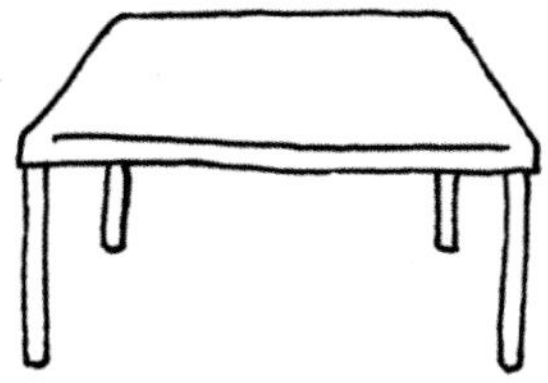

6. صنع حسن ـــــــــــــــــــ كبيرة.

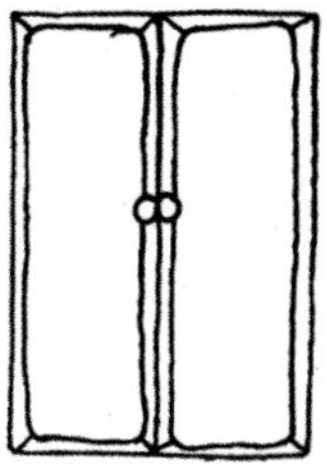

7.وضعت أختي ثيابها في ـــــــــــــــــ.

8. جلست على ـــــــــــــــــــ.

9. ـــــــــــــــــ طاهية ممتازة.

Reading Activity 3

Draw a line that connects each word to the corresponding picture, then read the word aloud.

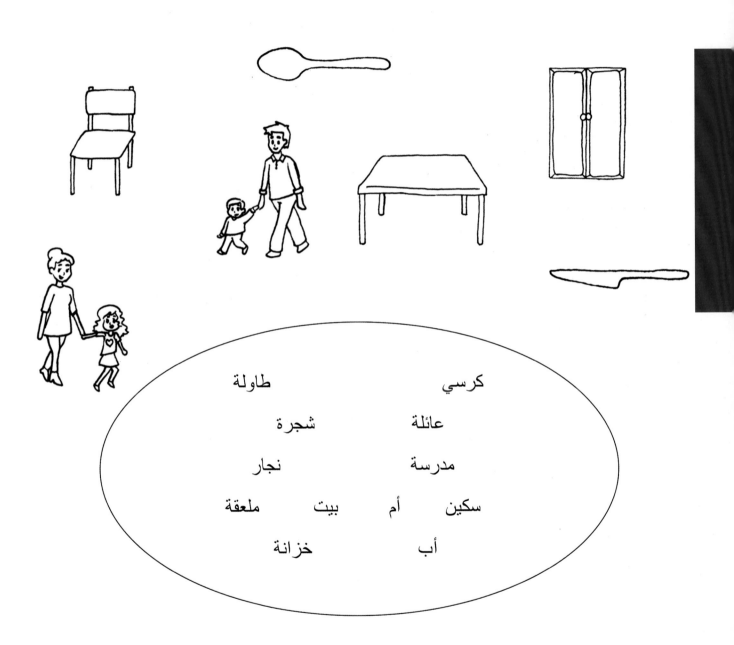

كرسي   طاولة

عائلة   شجرة

مدرسة   نجار

سكين   أم   بيت   ملعقة

أب   خزانة

Reading Activity 4

Locate the following words in the puzzle. Words may be repeated more than once in the puzzle.

غرفة نوم	شوكة	مدرسة
خزانة	سكين	أب
	كرسي	أم
	بيت	عائلة

ع	خ	غ		م	ن	ش	ب	ي	ت
ا	ز	ر	ة	د	ي	و		أ	ت
ء	ا	ف	ك	ر	ك	ك		ب	ي
ل	ن	ة	و	س	س	ة	ا	م	ب
ة	ة	ن	ش	ة	ة	ن	ا	ز	خ
ب	أ	و	أ	م	ة	ل	ء	ا	ع
م	م	م		أ	ة	س	ر	د	م
د	أ	أ	ب	ب		ي	س	ر	ك
ر	ة	خ	م	و	ن	ة	ف	ر	غ
س	ن	ز	م	ة		ة	ك	و	ش
ة	ا	ا	د	ل	ة	س	ر	د	م
ي	ز	ن	ر	ء	ت	ي	ب		
س	خ	ة	س	ا	ه	س	ر	د	م
ر	م	أ	ة	ع		ن	ي	ك	س
ك	ة	ك	و	ش	ه	ن	ا	ر	خ
خ	ز	ا	ن	ه		ن	ي	ك	س
ة	ل	ء	ا	ع	ه	س	ر	د	م

Reading Activity 5

Let's count.

Look at the puzzle you finished in Reading Activity 4. Count how many times each of the following words is repeated in the puzzle. Write the number next to each word:

سكين: ______________________ مدرسة: ______________________

غرفة نوم: ______________________ أب: ______________________

خزانة: ______________________ أم: ______________________

عائلة: ______________________ بيت: ______________________

كرسي: ______________________ شوكة: ______________________

Writing Activity 1. Making Words
تركيب الكلمات

صلْ الحروف لتركيب كلمات مفيدة:

ع + ا + ئـ + ل + ة = _____

أ + ب = _____

أ + م = _____

أ + خ = _____

أ + خ + ت = _____

م + د + ر + س + ة = _____

ب + ي + ت = _____

ق + ا + ب + ل = _____

أ + ح + ب = _____

ل ا ، أ + ح + ب = _____

غ + ر + ف + ة ، ن + و + م = _____

غ + ر + ف + ة ، ا + س + ت + ق + ب + ا + ل = _____

م + ط + ب + خ = _____

ح + مّ + ا + م = _____

خ + ز + ا + ن + ة = _____

ط + ا + و + ل + ة = _____

ك + ر + س + ي = _____

م + ل + ع + ق + ة = _____

ش + و + ك + ة = _____

س + ك + ي + ن = _____

Writing Activity 2

انسخ الكلمات التالية:

عائلة – عائلة . ____ ________________________________

أب– أب ________________________________ ________

أم – أم ________________________________ ________

أخ – أخ ________________________________ ________

أخت – أخت ________________________________ ______

مدرسة – مدرسة ________________________________ _

بيت – بيت ________________________________ _______

قابل – قابل ________________________________ ______

أحب – أحب ________________________________ ______

لا أحب – لا أحب ________________________________ _

غرفة نوم – غرفة نوم . ________________________________

غرفة استقبال – غرفة استقبال ____________________________

مطبخ – مطبخ ________________________________ _____

حمّام – حمّام ________________________________ ______

خزانة – خزانة ________________________________ ____

طاولة – طاولة ________________________________ ____

كرسي – كرسي ________________________________ ___

ملعقة – ملعقة ________________________________ _____

شوكة – شوكة ________________________________ _____

سكين – سكين ________________________________ _____

Writing Activity 3

Find each of the words listed below in the puzzle.

طاولة – سكين – عائلة – خزانة – غرفة نوم – ملعقة – كرسي – حمّام – لا أحب -
رقم – شارع – عنوان – هاتف – بيت – مدرسة – مطبخ – شوكة - غرفة استقبال –
قابل – أخت – أب – الوطن – مدينة – أسبوع – شهر- سنة.

ع	ع	ه	ب	ح	أ	ا	ل	ح	د		م	و	ن	ة	ف	ر	غ	ى	ط
ا	خ	ن	أ	ا	ع	م	ا	ش	غ		ل	ى	هـ	ف	ق	س	ب	ا	خ
ئـ	ت	د	م	ل	ن	غ	ل	هـ	م	ك	ع	ب	ا	ا	ة	ك	و	ش	ز
ل	ا	ل	ب	و	و	ر	ز	ر	ط	ا	ق	ق	ت	د	غ	ل	غ	ح	ا
ة	ل	ز	ي	ط	ا	ف	ب	ق	ب	ح	ة	ك	ف	ب	ة	ا	ع	ه	ن
	ب	ا	أ	ن	ن	ة	و	و	خ	ن	ي	ب	و	ض	ي	س	ر	ك	ة
	س	ي	خ	ي		ن		ز	ل	ا		ا		ة	ن	ي	د	م	
ق	ة	ر	ت	ب	ح	و	د	ب	ن	ة	س	ر	د	م	د	ح	ق	ى	
ا	ي	ى	و	ي	د	م	ا	مّ	ح	ا	ق	ي	ا	ع	و	ب	س	أ	ن
ب	ش	ر	ل	ا	ب	ق	ت	س	إ	ل	ا	ة	ف	ر	غ	ح	ض	ن	ي
ل	س	و	ب		ي	ع	ر	ا	ش		ض	ب	ز	ي	ي	م	ق	ر	ك
ص	ق	ح	و		ت	ق	ة	ن	س		ي	ح	ض		ب	أ		ك	س

Writing Activity 4. Dual and Plural Subject Pronouns

الضمائر: نحن/ أنتم/ هما / أنتما /هم

امﻷ الفراغ بالضمير المناسب:

1. ________ سافرا إلى لبنان.
2. ________ لعبتما معنا.
3. ________ نأكلُ في المطعم.
4. ________ ذهبوا إلى البيت.
5. ________ درستم في المكتبة.
6. ________ تابعنا الدرس.
7. ________ تفهما الدّرسَ.

Writing Activity 5

صلْ العدد بما يطابقه مستعيناً بالسهم.

١٠ ⟷	عشرة
١١	ستة عشر
١٢	سبعة عشر
١٣	أربعة عشر
١٤	إثنا عشر
١٥	خمسة عشر
١٦	ثمانية عشر
١٧	عشرون
١٨	إحدى عشرة (أحد عشر)
١٩	تسعة عشر
٢٠	ثلاثة عشر

Cultural Activity 1. Arabic Homes

- Working in teams, find images on the Internet or in magazines, or draw pictures of Arabic houses and rooms to create a poster. Present the poster to the rest of the class.

- Compare and contrast typical Arabic homes and rooms with typical American homes and rooms.

Cultural Activity 2. Arabic Homes

Compose an advertisement in Arabic for a room for rent in your house. In your advertisement, include a description of the room, how much the rent is, the address, and a phone number to call.

Cultural Activity 3. Idioms

Discuss the following idiom with your class:

الصديق وقت الضيق.

A friend in need is a friend indeed.

The idiom reflects the true meaning of friendship. A friend who helps you when you are in need is a true friend. And it shows that true friends must help one another when they face a problem or need help.

Topic 3
My Community
أنا والمجتمع

Vocabulary
المفردات

house	بيت
neighbor/s	جار/ جيران
friend	صديق / صديقة
school	مدرسة
homework	واجب
yes	نعم
no	لا
okay	حسناً
pet	حيوان أليف
cat	قطة
dog	كلب
bird	طير
mosque	مسجد
church	كنيسة
library	مكتبة
stadium/playground	ملعب
cinema	سينما
pharmacy	صيدلية
police station	مركز شرطة
post office	مكتب بريد

Listening Activity 1

Listen carefully to the conversation, then put the sentences in the right order (audio file provided at www.msupress.org/Arabic).

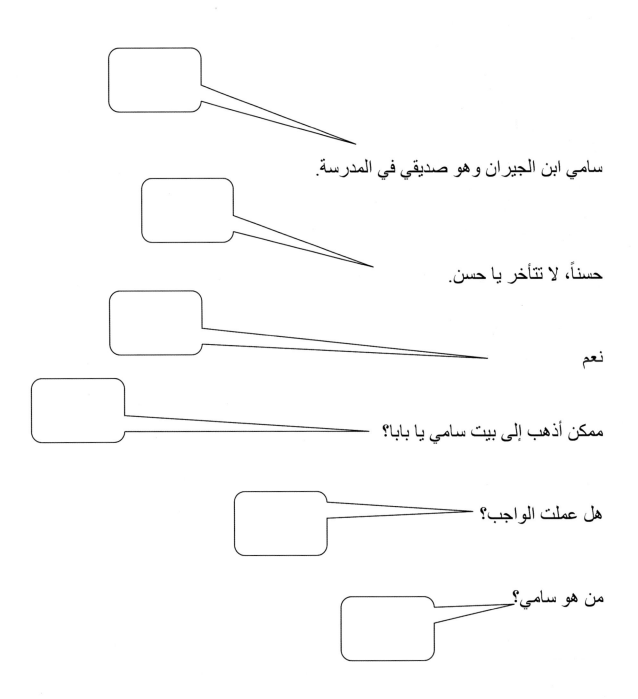

سامي ابن الجيران وهو صديقي في المدرسة.

حسناً، لا تتأخر يا حسن.

نعم

ممكن أذهب إلى بيت سامي يا بابا؟

هل عملت الواجب؟

من هو سامي؟

Speaking Activity 1

Using Google Maps, print a map of the neighborhood where you live. Locate and label your house and five or more of the following places:

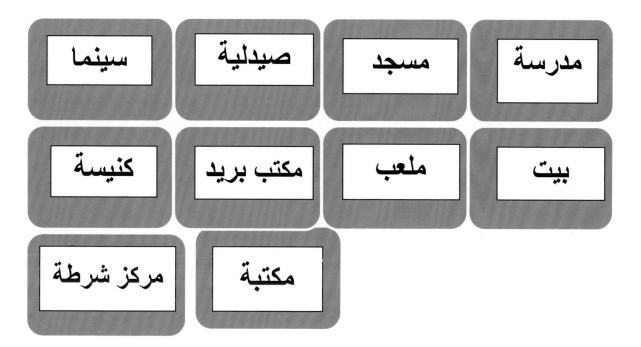

سينما	صيدلية	مسجد	مدرسة
كنيسة	مكتب بريد	ملعب	بيت
مركز شرطة	مكتبة		

Share your work with your class.

Speaking Activity 2. Class Bar Graph of Preferences

Divide into three groups that will examine one topic.

With a partner, create a set of questions to assess certain aspect of students' preferences.

Examples:

المجموعة الثالثة المكان المفضل	المجموعة الثانية الأيام و الشهور	المجموعة الأولى الحيوانات الأليفة
		هل تحب الحيوانات؟
		هل عندك حيوان أليف؟
		هل عندك كلب؟
		هل عندك قطة؟
		هل عندك طير؟

After the results are collected, create a bar graph on a poster board showing your pair's, and share the graphs with the other groups.

Speaking Activity 3. Know Your Neighbor

Form small circles. One member of each group starts the game by telling three things about himself or herself (for example, home, age, favorite food) to the next person in the circle. That person tells the next person three things about himself or herself plus the three things the previous student said. Keep going around the circle as many times as possible, giving new information about yourself in every turn.

The winning circle is the one with the most rounds completed.

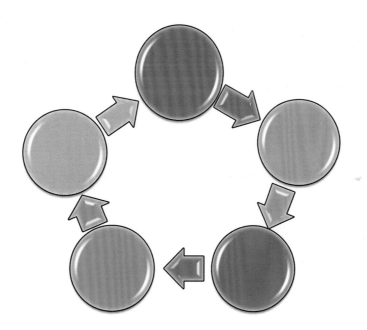

Reading Activity 1

Connect the letters to make a word, then circle the following letters in each word:

ق - ك - ل

1. ق - ل - ب _____

2. ق - م - ر _____

3. ق - ط _____

4. ف - ج - ر _____

5 ف - ل _____

6. ف - ن _____

7. ك - ل – ب _____

8. ك - ن - ز _____

9. ل - ذ - ي - ذ _____

Reading Activity 2

Read the sentences and fill in the blank with suitable word.

صديقي أميركي الجنسية ، يعيش في ولاية ميشيغان

ولديه _____ .   أنا لدي _____ .

يعيش _____ أحمد في البيت المقابل لبيتنا.

بجانب بيتنا _____ نشتري الدواء منها. يقول صديقي مايكل أنه

يدرس في _____ بعد _____ كل

يوم. ويذهب إلى _____ في عطلة نهاية الأسبوع.

Reading Activity 3

Write sentences using these words.

مكتب بريد　　مركز شرطة　　ملعب　　سينما　　صديقي　　جاري

Reading Activity 4

Circle any words below that you don't know and then search the Internet for their meanings.

كرسي   أب   عائلة   فطور

صديق   بيت   صيدلية

طاولة   كنيسة

مدرسة   غداء   عشاء

Writing Activity 1. Making Words

تركيب الكلمات

صل° الحروف لتركيب كلمات مفيدة:

ب + ي + ت = ______________ ك + ل + ب = ______________

ج + ي+ ر + ا+ ن = ______________ ط + ي + ر = ______________

ص + د + ي + ق = ______________ م + س + ج + د = ______________

م + د + ر + س+ ة = ______________ ك + ن + ي + س + ة = ______________

و+ ا + ج + ب = ______________ م+ ك + ت + ب + ة = ______________

ن + ع + م = ______________ م + ل + ع + ب = ______________

ل + ا = ______________ س + ي + ن + م + ا = ______________

ح + س + نً + ا = ______________ ص + ي + د + ل + ي + ة = ______________

ح + ي+ و + ا + ن = ______________ م + ر+ ك + ز = ______________

أ +ل + ي + ف = ______________ ش + ر+ ط + ة = ______________

ق + ط + ة = ______________ ب + ر + ي + د = ______________

Writing Activity 2

اكتب الكلمات باللغة العربية بالعمود المقابل لمعناها باللغة الإنجليزية.

مكتب بريد ـ صيدلية ـ سينما ـ ملعب ـ مكتبة ـ كنيسة ـ مسجد ـ طير ـ قطة ـ حيوان ـ
أليف ـ حسناً ـ لا ـ واجب ـ مدرسة ـ نعم ـ صديق/ صديقة ـ جيران ـ بيت ـ كلب مدرسة

English Word	Arabic Word
house	
school	
yes	
pet	
bird	
library	
pharmacy	
post office	
neighbor	
friend	
homework	
no	
okay	
cat	
dog	
church	
stadium/playground	
mosque	
cinema	
police station	

Writing Activity 3

أكمل الكلمة بالحرف الناقص:

مـ......ـتب   بر......ـد

صيد......ية

مدر......ـة

سـ......ـنما

مك......ـبة

جير......ن

Writing Activity 4

Conjugate the verb شرِب in present tense using singular subject pronouns.

صرِّف الفعل شرب في المضارع مستعملاً الضمائر المنفصلة المفردة.

Example:

مثلاً: أنا أدرُسُ – أنتَ تدرُسُ – أنتِ تدرسين -– هو يَدرُسُ – هي تدرسُ.

أنا ____________ ____________________________________

أنتَ ____________ ____________________________________

أنتِ ____________ ____________________________________

هو ____________ ____________________________________

هي ____________ ____________________________________

Conjugate the verb رسَمَ in the present tense using singular subject pronouns.

صرِّف الفعل رسَمَ في المضارع مستعملاً الضمائر المنفصلة المفردة.

أنا ____________ ____________________________________

أنتَ ____________ ____________________________________

أنتِ ____________ ____________________________________

هو ____________ ____________________________________

هي ____________ ____________________________________

Writing Activity 5

صلْ العدد بما يطابقه مستعيناً بالسهم.

ستون	٣٠
أربعون	٣١
خمسون	٤٠
سبعون	٤٢
أربعة وستون	٥٠
ثلاثون	٥٣
ثلاثة وخمسون	٦٠
تسعون	٦٤
اثنان وأربعون	٧٠
ستة وثمانون	٧٥
واحد وثلاثون	٨٠
ثمانون	٨٦
مائة	٩٠
خمسة وسبعون	٩٧
سبعة وتسعون	١٠٠

Cultural Activity 1

Your town is having a cultural festival, and your community wants to provide visitors with local information. As community members, you must help with the following:

1. Make a list of five interesting places in your neighborhood.

2. Make a map indicating your school, stores, and public buildings. Label each one.

3. Make a poster advertising the festival.

Cultural Activity 2

Search the Internet for articles about your hometown. Read interesting facts about your hometown and share the highlights with your classmates.

Cultural Activity 3

Write a one-paragraph report about your hometown, including the following information:

- What buildings or features make it special or unique?
- Do your best friend(s) live in the neighborhood or far away?

Cultural Activity 4. Idioms

Discuss the following idiom with class

اسأل عن الجار قبل الدار.

Pick your neighbor before you pick your house.

The idiom reflects the importance of having good neighbors and being a good neighbor to others. You must ask first about your neighbor and pick good ones before you pick your home. In the Arab world, neighbors have close relationships with one another, and for that reason, picking good neighbors is important for the family.

Topic 4
Family and Social Traditions
العائلة والعادات الإجتماعية

Vocabulary
المفردات

dad	بابا
mom	ماما
one of my best (male) friends	من أعز أصدقائي
one of my best (female) friends	من أعز صديقاتي
You are welcome	أهلاً وسهلاً
test	امتحان
together	معاً
breakfast	فطور
lunch	غداء
dinner	عشاء
important	مُهمّ
we have	عندنا
we want	نريد
we study	ندرس
we go	نذهب
festival	مهرجان
custom	عادات
tradition	تقاليد
trip	رحلة
interview	مقابلة

Listening Activity 1

1. Listen carefully to the audio file of the conversation below (provided at www.msupress.org/Arabic).

2. Practice with a partner taking turns in playing the role of the mom and the role of the daughter.

3. Switch the conversation to a dad-and-son scenario.

مرحباً يا ماما.

مرحباً يا جمانة.

هذه هدى، و هي من أعز صديقاتي.

أهلاً و سهلاً يا هدى.

عندنا امتحان مهم و نريد أن ندرس معاً.

حسناً، سأحضر طعام العشاء.

شكراً يا ماما.

Speaking Activity 1

Working in groups of three to five, use the following phrases and words and complete the scenario to make up a short story. You can add more phrases or words as necessary.

Share the story with your class by having each member of your group narrate one part of it.

مرحباً يا ___________

أهلاً و___________ يا ___________

ماذا تفعل؟

أ___________

هل___________؟

نعم ___________ أين ___________؟

هـ___________ في الـمـ___________

عندي ___________

Speaking Activity 2

A chain reaction! Don't stop talking!

Working in groups, use one of the vocabulary words to start a conversation.

The winning group is the one that uses all words without stopping. Any previously learned Arabic words can be used to finish the conversation.

ندرس	بابا	فطور
امتحان	عشاء	عندنا
ماما	معاً	مهرجان
أهلاً و سهلاً	مهم	غداء
من أعز أصدقائي	نذهب	رحلة

Speaking Activity 3

Make a video recording of yourself introducing a picture of a family.

In your movie answer the following questions:

ما اسم الأب؟

ما اسم الأم؟

كم عدد أفراد العائلة؟

ما اسم كل من أفراد العائلة؟

هل الابن أو الابنة من أعز الأصدقاء؟

من هو أعز الأصدقاء؟

هل تدرس معه/ معها؟

أين تعيش العائلة؟

هل تحب هذه العائلة؟

Make your movie an interesting one by adding music, pictures, and sounds. Be creative!

Share your movie in class.

Reading Activity 1

Read the words and discuss their meanings with a partner.

1. عشاء.

2. غداء.

3. فطور.

4. تقاليد.

5. مهرجان.

6. أهلاً و سهلاً.

7. مهم.

8. عادات (تقديم القهوة للضيوف).

9. ندرس.

10. مقابلة.

Reading Activity 2

Circle the letters م- هـ in the following words, then find out the meaning of each word through pictures. Use the Internet.

مهرجان ـ قهوة ـ هواء ـ ماء ـ مقابلة ـ نغم ـ أهلاً وسهلاً ـ نهى ـ فواكه ـ رمان ـ مهم ـ ماما ـ امتحان.

Reading Activity 3

Use words that you know to complete the sentences.

في مدينة ديربورن بولاية ميشيغان يقيم العرب _____ يتضمن عرض

_____ و_____ العالم العربي.

في الصباح يقدمون _____ أما عند الظهر فيقدمون

_____ . وفي الليل يقدمون _____ .

هذا الاحتفال _____ جداً. أذهب مع _____ ، و

_____ إلى المهرجان. عند مدخل المهرجان لافتة مكتوب

عليها _____ .

Reading Activity 4

Write a short story, using this picture as a guide:

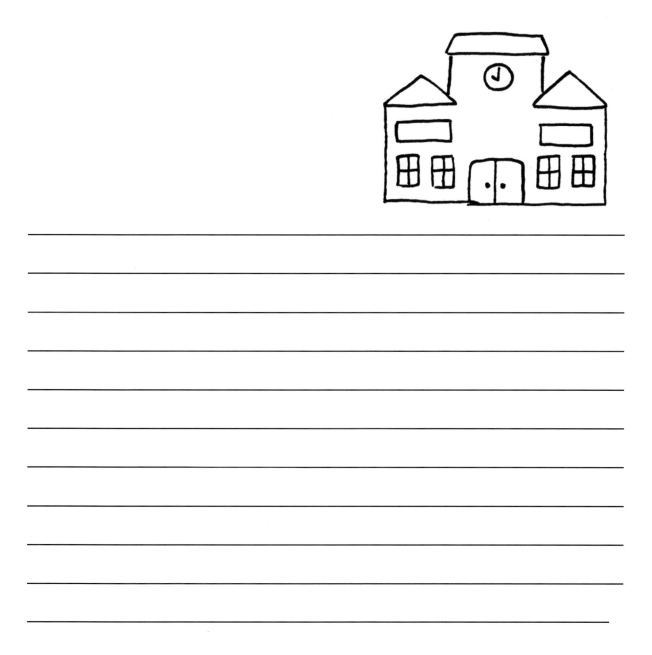

_____

_____

_____

_____

_____

_____

_____

_____

_____

Reading Activity 5

Let’s make a quick review of numbers.

Read the numbers by each circle and then draw the items you choose to match the numbers.

تسعة

سبعة

خمسة + أربعة =

ثلاثة – واحد =

ستة + واحد =

خمسة + ثلاثة =

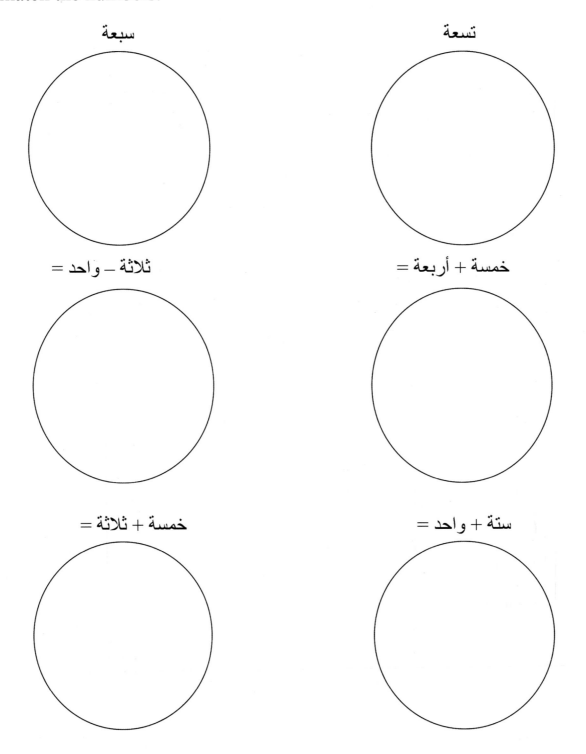

Writing Activity 1. Making Words

تركيب الكلمات

صل الحروف لتركيب كلمات مفيدة:

م + ا + م + ا = ____________ م + ق + ا + ب + ل + ة = ____________

ب + ا + ب + ا = ____________ ص+ د + ي+ ق+ ا + ت + ي = ____________

أ + ع + ز = ____________ أ + ص + د + ق + ا + ئـ + ي = ____________

أ +هـ + ل+ أً = ____________ و + سـ + هـ + ل + أً = ____________

ا + م + ت + ح + ا + ن = ____________ م + ع + أً = ____________

ف + ط + و+ ر= ____________ غ + د+ ا + ء = ____________

ع + ش + ا + ء = ____________ م + هـِ+ م = ____________

ع + ن+ د+ ن+ ا = ____________ ن + ر+ ي+ د = ____________

ن + د + ر+ س = ____________ ن+ ذ +هـ + ب = ____________

م +هـ + ر+ ج + ا + ن= ____________ ع + ا + د + ا + ت = ____________

ت + ق + ا + ل + ي+ د = ____________ ر+ ح + ل + ة = ____________

Writing Activity 2. Matching

<u>اكتب الكلمات باللغة العربية بالعمود المقابل لمعناها باللغة الإنجليزية.</u>

ماما ـ بابا ـ من أعـز أصدقائي ـ أهـلاً و سهـلاً ـ رحلة ـ مـقابلة ـ مـهرجان ـ عـادات ـ تقاليد ـ ندرس ـ نذهب ـ عندنا ـ نريد ـ غداء ـ عشاء ـ مـهِم ـ امتحان ـ معـاً ـ فطور ـ من أعز صديقاتي.

dinner	
lunch	
mom	
one of my best (male) friends	
breakfast	
dad	
together	
you are welcome	
test	
one of my best (female) friends	
interview	
important	
trip	
we have	
traditions	
customs	
festival	
we want	
we go	
we study	

Writing Activity 3

اكتب داخل الدائرة ما تشاهده في الصورة باللغة العربية:

Writing Activity 4

Conjugate the verb درس in the present tense using dual/plural subject pronouns.

صرِّف الفعل درس في المضارع مستعملاً الضمائر المنفصلة في صيغة المثتنى أو الجمع.

أنتما ______________________

أنتم ______________________

هما ______________________

هم ______________________

نحن ______________________

Conjugate the verb كتب in the present tense using dual/plural subject pronouns.

صرِّف الفعل كتب في المضارع مستعملاً الضمائر المنفصلة في صيغة المثنى أو الجمع.

أنتما ______________________

أنتم ______________________

هما ______________________

هم ______________________

نحن ______________________

Writing Activity 5

أكمل الكلمة بالحـرف الناقص:

1. ما___ا و با___ا من أع___ أصد___ائي.

2. أ___لاً و___هلاً عنـ___ نا فـ___ ور، غدـ___ ء وعـ___ ـاء.

3. ند___س مع أعز صد___قاتي للامتحا___.

4. من عـ___دات و تقالـ___ـد المـهرـ___ان مقا___لة فنّان مـ___م .

5. نر___د أن نذ___ب في ر___لة مـ___ـاً.

Writing Activity 6

Pretend you went on a field trip with your classmates; write ten sentences about where you went and what you did. Use the present tense to tell your story. You can use friends' names or replace them with pronouns. You can also use pictures to illustrate the verbs.

_____

_____

_____

_____

_____

_____

_____

_____

Cultural Activity 1

Work in groups and discuss your family traditions relating to festivals, holidays, and social gatherings.

After you interview each other, make a poster illustrating your findings. Use pictures or other supporting documentation to illustrate your family culture and others' cultures.

Cultural Activity 2. Idioms

Discuss the following idiom with your class:

الإحسان يبدأ بالأسرة.

Charity begins at home.

The idiom says that you should help your family and friends before helping other people. You should start by being generous to your family before you help others.

With a partner, talk about things you do at home to help your family and things you do to help your friends.

Unit 3

Food

الطعام

Topic 1
Food Pyramid
الهرم الغذائي

Vocabulary
المفردات

food pyramid	الهرم الغذائي
carbohydrate	نشويات
vegetable	خضار
meat	لحوم
fat	دهون
fruit	فواكه
serving	حصص
food	طعام
delicious	لذيذ
not delicious	غير لذيذ
healthy	صحّي
fresh	طازج
taste	طَعم
salty	مالح
sour	حامض
sweet	حلو
tired	تعبان
hungry	جوعان
thirsty	عطشان
full	شبعان

Listening Activity 1

استمع للمحادثة:

(*Audio file provided at www.msupress.org/Arabic.*)

مرحباً.

مرحباً.

من فضلك، ما هو طبق اليوم؟

فلافل وحمص، من أشهَر الأكلات العربية.

شكراً.

أي خدمة أخرى؟

قائمة الحساب من فضلك.

تفضل.

شكراً.

Listening Activity 2

مع صديقك، قم بعمل قائمة لأنواع الأطعمة التي تقدم في مطعم المدرسة و عدد السعرات الحرارية التي تحتويها.

	نوع/ اسم الطعام	عدد السعرات الحرارية
1		
2		
3		
4		
5		
6		
7		

Speaking Activity 1

قم بعمل بحث لثلاث أكلات عربية و تكلم للفصل كيف وأين تتوافق مع الهرم الغذائي

(food pyramid)

_____

_____

_____

_____

_____

_____

_____

_____

_____

التغذية والصحة

مجلة غذائية توعوية دورية (مجانية)

تصدر عن الإدارة العامة للتغذية بوزارة الصحة - العدد ٦٠ ربيع الأول ١٤٣٠ هـ

٦٠ هدية العدد

الهرم الغذائي الحديث

يعتبر الهرم الغذائي الحديث دليلاً لمعرفة كمية وأنواع الأطعمة التي يحتاجها الفرد ويختلف عن الهرم الغذائي السابق بالتوعية بأهمية النشاط البدني لكي يكون هنالك توازن بين النشاط البدني والأطعمة المتناولة.

إرشادات غذائية لتطبيق الهرم الغذائي

وازن بين الغذاء و النشاط البدني

- تأكد من تناول وجبتك ضمن إحتياجك اليومي من السعرات
- ممارسة النشاط البدني لمدة لا تقل عن ٣٠ دقيقة معظم أيام الأسبوع.
- ممارسة النشاط البدني لمدة ٦٠ دقيقة يومياً لمنع زيادة الوزن و ٩٠ دقيقة للمحافظة على الرشاقة.
- ممارسة النشاط البدني لمدة ٦٠ دقيقة يومياً معظم أيام الأسبوع (للأطفال والمراهقين).

تعرف على الكميات المسموح بها من السكريات والملح و الدهون

- إجعل مصادر الدهون من الأسماك والمكسرات و الزيوت النباتية.
- تأكد من الإطلاع على بيانات بطاقة عبوة الأطعمة من إحتوائها على كميات قليلة من الدهون المشبعة والدهون المتحولة والصوديوم.
- اختيار الأغذية والمشروبات قليلة السكر.

الكمية	حبوب	خضراوات	فواكه	زيوت	ألبان	بروتين
١٠٠٠ سعرة	٨٥ جم	١ كوب	١ كوب	٣ ملاعق صغيرة	كوبان	٥٧ جم
٢٠٠٠ سعرة	١٧٠ جم	٢,٥ كوب	كوبان	٦ ملاعق صغيرة	٣ أكواب	١٥٦ جم
٣٠٠٠ سعرة	٢٨٠ جم	٤ أكواب	٢,٥ كوب	١١ ملعقة صغيرة	٣ أكواب	٢٠٠ جم

المصدر/ وزارة الزراعة الأمريكية

الحبوب	الخضراوات	الفواكه	الحليب	اللحوم والبقوليات
نصفها من الحبوب الكاملة	تناول أصناف متعددة من الخضراوات	التنوع في أصناف الفواكه	تناول أغذية غنية بالكالسيوم	تناول البروتينات قليلة الدهن
كميات المقادير الأوقية = ٢٨,٥ جرام الكوب = ٢٤٠ مل. الملعقة الصغيرة = ٥ مل.	مثل الجرجير والسبانخ والجزر والطماطم والبطاطا الحلوة	خاصة الفواكه الطازجة	مثل الحليب ومشتقاته قليلة أو منزوعة الدسم.	مثل اللحوم والدجاج والأسماك والمكسرات بالشواء أو التحمير بالفرن عند إعداد الطعام.

تحدد الكمية من كل مجموعة حسب إحتياجات الفرد من السعرات الحرارية و العناصر الغذائية.

Speaking Activity 2

في مجموعات صغيرة تحدث عن الصورة.

Speaking Activity 3

<u>اسأل طلاب الفصل الأسئلة التالية ثم قارن الإجابات من خلال رسم بياني:</u>

1. هل تحب الأكل المالح أم الأكل الحلو؟

2. هل تحب اللحوم أم الخضار أكثر؟

3. هل تنتبه إلى تنوع الأكل اليومي؟

4. عندما تكون جوعان، هل تنتبه إلى ماذا تأكل؟

5. كم مرة تأكل الفواكه والخضار في اليوم؟

Reading Activity 1

اقرأ الرسالة التالية وضع خطاً تحت المأكولات:

هيّا نتعرف على بعض المأكولات العربية من خلال رسالة من سمير في لبنان الى صديقه جون في أميركا:

صديقي العزيز جون.....

انا أكتب لك الآن لكي أعرّفك على بعض الأكلات الشهية في لبنان. عند الصباح نأكل اللبنة والجبنة مع الشاي. أحياناً نأكل الفول المدمس و حمص متبل دون أن ننسى مناقيش الجبنة والزعتر. عند الظهر وقت الغذاء نتناول التبولة أو الفتوش مع بعض البطاطا المقلية بالإضافة إلى المشاوي كاللحمة و الدجاج وكذلك الفلافل التي أحبها جداً. في بعض الأحيان نتناول الطبيخ كالفاصولياء و الملوخية مع الأرز. و عند العشاء نتناول البيض المقلي و لبنة مع الشاي.

أريد أن أقول لك إن هذه المأكولات هي مشتركة في فلسطين و سوريا والأردن. أريد ان أقول لك أن كل هذه المأكولات تحتوي على فيتامينات اي، بي، و سي.

أتمنى أن تخبرني ماذا تذوقت من هذه المأكولات في أميركا، خاصة أنك قلت لي إنك قد تذوقت بعضا منها في ديربورن. وأرجو أن ترسل لي بعض الصور عن هذه الأكلات في ديربورن.

سمير.......

Reading Activity 2

<u>أجب على الأسئلة التالية عن رسالة سمير إلى جون :</u>

1. ماذا يأكل سمير في الصباح؟

_____

2. ماذا يشرب سمير في الصباح؟

_____

3. ماذا يأكل سمير عند الغداء؟

_____

4. ماذا يأكل سمير عند العشاء؟

_____

5. هل يأكل سمير الملوخية عند الصباح؟

_____

6. هل يأكل سمير اللبنة عند العشاء؟

_____

7. هل يأكل سمير البيض المقلي عند الغداء؟

_____

8. ما الذي يحبه سمير جداً؟

_____

9. ما هي أنواع الفيتامينات الموجودة في المأكولات التي يأكلها سمير؟

_____

10. أين يعيش جون؟

_____

Reading Activity 3

<u>اكتب الكلمة المناسبة بجانب كل صورة:</u>

فتوش / حمص / تبولة / ملوخية / مناقيش / بيض مقلي / فلافل

.1 ____________________

.2 ____________________

.3 ____________________

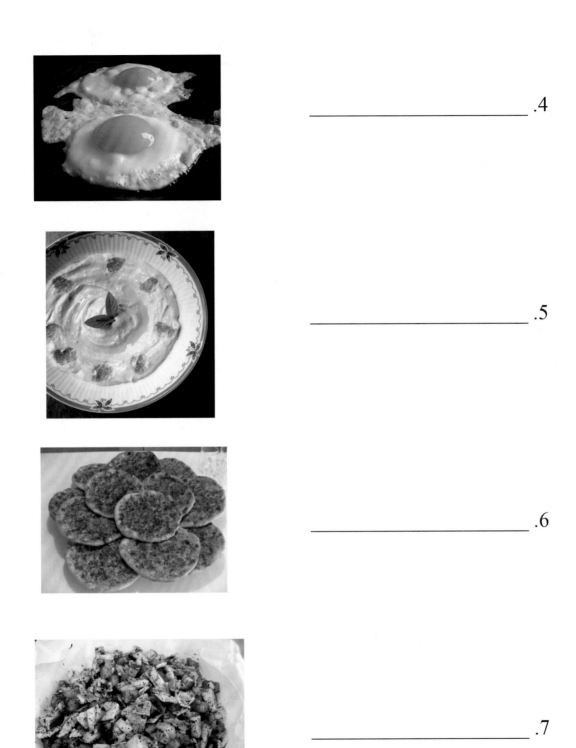

4. _____

5. _____

6. _____

7. _____

Reading Activity 4

ابحث في الانترنت عن الفيتامينات الموجودة في المأكولات التي يأكلها سمير. ثم ارسم هرماً يُمثل فائدة كل من هذه الفيتامينات.

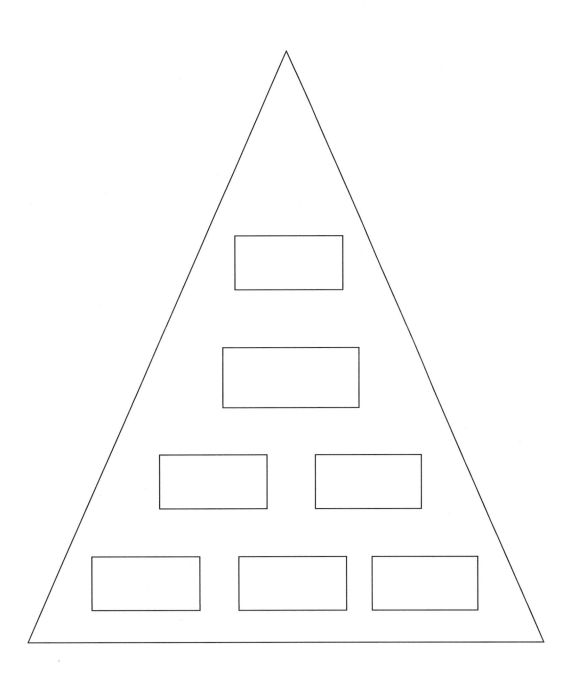

Reading Activity 5

<u>كلمات متقاطعة</u>

<u>الكلمة المفقودة تتكون من أربعة أحرف.</u>

ب	ف	و	ل	ف	ز
ي			ة	ت	ع
ض	ح	م	ص	و	ت
م	ج	و	ن	ش	ر
ق	ت	ب	و	ل	ة
ل	س	م	ي	ر	ن
ي	ص	ب	ا	ح	ب
م	ن	ا	ق	ي	ش
م	ل	و	خ	ي	ة
ل	ف	ل	ا	ف	ل
أ	م	ي	ر	ك	ا

ملوخية	تبولة	فتوش
بيض مقلي	حمص	سمير
جون	صباح	مناقيش
زعتر	فلافل	فول
أمريكا		

Writing Activity 1

صلْ الحروف لتركيب كلمات مفيدة:

ا+ل + ه + ر+ م = ______________ ش + ب + ع + ا + ن = ______________

ا + ل + غ + ذ + ا+ ئـ + ي = ______ ع + ط + ش + ا + ن = ______________

ن + ش + و + ي + ا + ت = ______ ج + و+ ع + ا + ن = ______________

خ + ض + ا + ر = ______________ ت + ع + ب + ا + ن = ______________

ل + ح + و + م = ______________ ح + ل + و= ______________

د + هـ + و+ ن = ______________ ح + ا + م + ض = ______________

ف + و + ا + ك + ه = ______________ م + ا + ل + ح = ______________

ح + ص + ص = ______________ طَ + عَ + م = ______________

ط + ع + ا + م = ______________ ط + ا + ز + ج = ______________

ل + ذ + ي + ذ = ـــــــــــــــــ   ص + ح + ي = ـــــــــــــــــ

غ + ي + ر = ـــــــــــــــــ

© www.amalstable.com

Writing Activity 2

املأ المستطيل بما يشار إليه في الهرم الغذائي من المفردات التالية:

نـشـويات – فاكهة – خضار – لحوم – ألبان - سكريات

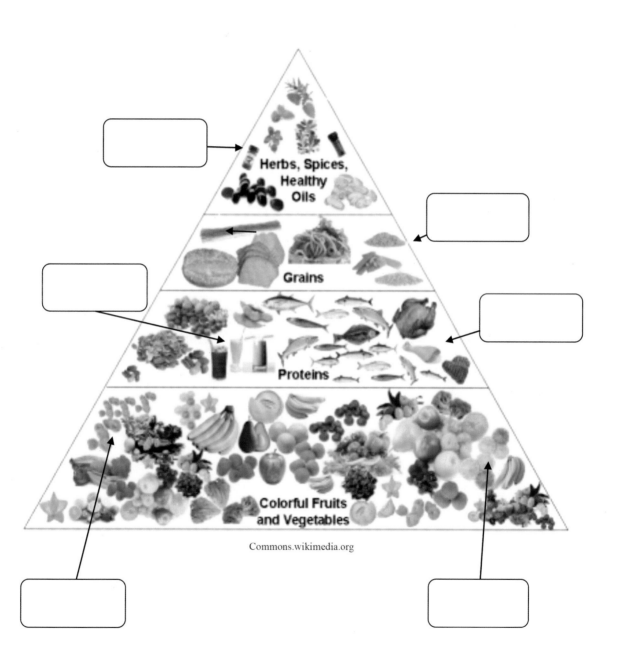

Commons.wikimedia.org

Writing Activity 3

اكتب الكلمات باللغة العربية مقابل ترجمتها باللغة الإنجليزية:

الهرم الغذائي – نشويات – شبعان – خضار– لحوم– فاكهة – حصص– طعام – لذيذ – غير لذيذ – صحي – طازج – طعم – مالح – حامض – حلو – تعبان – جوعان – عطشان– دهون

not delicious	
healthy	
fresh	
delicious	
taste	
food	
salty	
serving	
sour	
fruit	
sweet	
fat	
hungry	
meat	
thirsty	
vegetable	
carbohydrate	
tired	
food pyramid	
full	

Writing Activity 4

ضعوا الكلمات و العبارات التالية في جمل مفيدة تتضمن وجبات طعام عربية:

حامض: _____

لحوم : _____

فاكهة : _____

خضار : _____

لذيذ : _____

حلو : _____

مالح : _____

Writing Activity 5

<u>أكمل الجدول التالي لأيام الأسبوع ثم ضع داخل المربعات أسماء الأكلات التي تتناولها عادةً.</u>

أيام الأسبوع / أشهر السنة	الاثنين				الجمعة		
كانون الثاني							
نيسان							
أيلول							

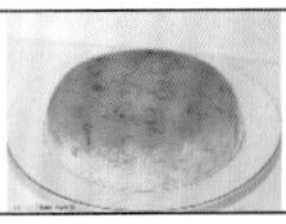

Cultural Activity 1. Idioms

<u>ناقش معنى هذا المَثل في الصف.</u>

العقل السليم في الجسم السليم

A healthy mind in a healthy body

هذا المَثل يعني أن العقل يكون سليماً إذا كان الجسم سليماً. وحتى يكون الجسم سليماً، يجب أن يكون الطعام صحياً.

Cultural Activity 2

في مجموعات صغيرة، اختر بلداً عربياً وابحث عن معلومات عن الطعام التقليدي في هذا البلد. ابحث عن وصفة طعام من الانترنت أو مجلة أو كتب طبخ.

قدّم هذه الوصفة لزملائك وتكلّم عن محتوياتها و عن أهميتها في الثقافة العربية (هل هو طبق يومي أو طبق يُقدّم في المناسبات كالأعياد أو الأعراس).

Cultural Activity 3

اكتب قائمة طعام لمطعم عربي جديد في مدينتك.

<u>قائمة الطعام</u>

المقبلات

الفطور

الغداء

العشاء

الحلويات

Topic 2
Eids and Holidays
الاعياد والعطل

Vocabulary
المفردات

Eid ul-Fitr	عيد الفطر
Eid ul-Adha	عيد الأضحى
Eid cookie	كعك العيد
candy/sweet	حلوى
cash gift	عيدية
gift	هدية
relative/family member	أقارب
visit	زيارة
neighbor	جيران
Eid celebration	حفلة العيد
Eid special greeting	عيد مبارك
child	أطفال
guest	ضيوف
joy	فرحة
preparation	تحضير
cleaning	تنظيف
making the bed	ترتيب السرير
cooking	طبخ
vacuuming	كنس
laundry	غسيل

Listening Activity 1

تسجيل المحادثة و التدريب عليها.

أنا ذاهبة إلى حفلة العيد. هل ترافقني يا علي؟

نعم أحب ذلك.

لا تنسَ أن تلبس الملابس الجديدة.

هيا بنا نذهب.

عيد مبارك.

عيد مبارك.

يوجد الكثير من الحلوى و الكعك اللذيذ.

جدي أعطاني خمسة دولارات عيدية.

وأنا كذلك.

Listening Activity 2

اكتب الكلمات التي تعرفها في الجدول التالي.

Speaking Activity 1

تحدث لرفاقك كيف أمضت هذه الأسرة عطلة العيد.

Speaking Activity 2

باستعمال المفردات في الجدول حدّث صديقك كيف أمضيت العيد:

تحضير	حفلة	حلوى	زيارة	عيد
ترتيب	جيران	أطفال	عيدية	أقارب
عيد مبارك	كعك العيد	أصدقاء	ضيوف	هدية

Speaking Activity 3

تحدّث في مجموعات صغيرة عن عيد الفطر ثم أجب عن الأسئلة التالية:

1. لماذا عيد الفطر مهم للعائلات العربية؟

2. ما هي المأكولات التي تُقدّم في عيد الفطر؟

3. ما هي العيدية؟

4. ماذا يعني "كل عام وأنتم بخير" و "عيد مبارك"؟ وكيف تردّون عليها؟

Reading Activity 1

<u>اقرأ رسالة جون إلى سمير وضع خطاً تحت الكلمات التي تدل على العيد:</u>

مرحباً سمير ...

لقد أسعدتني رسالتك كثيراً. ولكن لفت نظري شيء أود أن أسألك عنه. البارحة كان عيد الأضحى المبارك و منذ شهر تقريباً سمعت بعيدٍ ثانٍ يُدعى عيد الفطر. لقد زرت صديقي أحمد الذي يسكن في ديربورن و لاحظت أنه يلبس ثياباً جديدة. وعندما سألته عن السبب قال لي إنه في عيد الأضحى والفطر يشتري له أهله ثياباً جديدة. ولقد تفاجأت عندما أعطانا والد أحمد مالاً وعندما سألته قال إنها عيدية. بعد قليل قدمت والدة أحمد لنا كعكاً شهياً وقالت أنه كعك العيد. وفجأة امتلأ البيت بالضيوف والأصدقاء والجيران مهنئين بالعيد ويقولون "عيد مبارك". لقد أخذت بعض الصور الخاصة في العيد.

في المرة القادمة سوف أرسل لك رسالة تتضمن بعض المأكولات العربية لأن أبي وعدني بزيارة أحد المطاعم في ديربورن.

صديقك ....

المخلص جون

Reading Activity 2

أجب على الأسئلة التالية عن رسالة جون إلى سمير:

1. مَن الذي أرسل الرسالة؟

_____

2. ما هي المناسبة؟

_____

3. كم مناسبة ذكرها جون؟

_____

4. سمِ المناسبات التي ذكرها جون ؟

_____

5. ماذا أعطى الوالد لأحمد وجون؟

_____

6. ماذا اشترى أهل أحمد له في العيد؟

_____

7. ماذا قدمت الأم لجون ؟

_____

8. من زارهم في البيت؟

_____

9. ماذا يقول الناس في العيد؟

_____

10. إلى أين جون ذاهب مع أبيه ؟

_____

Reading Activity 3

<u>اكتب الكلمة المناسبة بجانب كل صورة:</u>

هدية / كعك العيد / عيدية

1. ____________________

Pixabay.com

2. ____________________

3. ____________________

Reading Activity 4

<u>يقسم الطلاب إلى ثلاث مجموعات:</u>

المجموعة الأولى:

1. تبحث في الانترنت عن معلومات عن عيد الفطر.

2. تحضر خمس صور مختلفة عن عيد الفطر.

3. تقدم المعلومات من خلال ممثل عن المجموعة.

المجموعة الثانية:

1. تبحث في الانترنت عن معلومات عن عيد الأضحى .

2. تحضر خمس صور مختلفة عن عيد الأضحى.

3. تقدم المعلومات من خلال ممثل عن المجموعة.

المجموعة الثالثة:

1. تبحث في الانترنت عن معلومات عن عيد الأم .

2. تحضر خمس صور مختلفة عن عيد الأم .

3. تقدم المعلومات من خلال ممثل عن المجموعة.

<u>*ملاحظة</u>: يجب على المجموعات الثلاث أن تجب على الأسئلة التالية بكلمة واحدة أو أكثر :

1. متى يتم الاحتفال بهذا العيد؟
2. في أي يوم من أيام هذه السنة سوف يتم الاحتفال بهذا العيد؟
3. سمِ ثلاثة بلدان تحتفل بهذا العيد.

Writing Activity 1

صل الحروف لتركيب كلمات مفيدة:

ع+ ي+ د = ________ م+ ب+ ا+ ر+ ك = ________

ا+ ل+ ف+ ط+ ر = ________ ز+ ي +ا +ر+ة = ________

ا+ ل +أ + ض+ح + ى = ________ ك +ع + ك = ________

ح + ل+ و+ ى = ________ ط + ب + خ = ________

ع + ي + د +ي+ ة = ________ هـ + د+ ي+ ة = ________

ح+ ف + ل + ة = ________ أ+ ط + ف + ا + ل = ________

ض + ي+ و + ف = ________ أ + ص+ د +ق+ ا + ء = ________

ت + ح + ض + ي+ ر = ________ ت + ن+ ظ + ي+ ف = ________

ت +ر + ت + ي+ ب = ________ ا + ل + س+ ر + ي+ ر= ________

أ + ق+ ا + ر+ ب = ________ ج + ي+ ر+ ا +ن = ________

Writing Activity 2

<u>اكتب الكلمات باللغة العربية مقابل ترجمتها باللغة الإنجليزية.</u>

عيد الفطر – عيد الأضحى – كعك العيد – حلوى – عيدية – هدية – أقارب – زيارة – حفلة العيد – جيران – عيد مبارك – أطفال – ضيوف – أصدقاء – تحضير – تنظيف – ترتيب السرير – طبخ

cooking	
cleaning	
friend	
child	
Eid celebration	
gift	
visit	
candy/sweets	
Eid ul-Adha	
making the bed	
preparation	
guest	
Eid special greetings	
neighbor	
family member	
cash gift	
Eid cookie	
Eid ul-Fitr	

Writing Activity 3

<u>ضع الكلمات و العبارات التالية في جمل مفيدة تتضمن أعياداً عربية.</u>

كعك العيد: _____

حلوى : _____

عيدية : _____

هدية : _____

حفلة العيد : _____

جيران : _____

أطفال : _____

ضيوف: _____

أصدقاء: _____

طبخ : _____

ترتيب السرير : _____

Writing Activity 4

<u>املأ الفراغ باسم الإشارة **هذا** (المذكر) أو **هذه** (المؤنث).</u>

_____ كعك العيد على الطاولة.

_____ حفلة العيد.

_____ السرير.

_____ عيدية.

_____ الحلوى لذيذ.

_____ عيد.

_____ زيارة إلى بيت جدي.

_____ يوم الإثنين.

Cultural Activity 1. Idioms

ناقش معنى هذا المَثل في الصف.

عيد الميلاد لا يأتي إلا مرة كل عام (كل عام وأنتم بخير).

Christmas comes but once a year (Happy New Year).

هذا المَثل يعني أن نستمتع بهذا الوقت المميز لأنه يأتي مرة واحدة في السنة وأن نعامل الآخرين باحترام.

كل عام وأنتم بخير

Cultural Activity 2

اقرأ نماذج من تهاني العيد:

تهاني العيد

عيد مبارك

- في عيد الفطر وعيد الأضحى

عيد ميلاد مجيد

- في عيد الميلاد

سنة جديدة طيبة

- في بداية السنة الجديدة

كل عام وأنتم بخير

- في جميع الأعياد

Cultural Activity 3

التمرين الأول:

ـ اختر عيداً تحتفل به مع عائلتك ثم املأ الجدول التالي:

ـ اسم العيد: _____

ـ متى يأتي العيد: _____

ـ ماذا تأكل في هذا العيد: _____

_____

ـ ماذا تفعل في هذا العيد: _____

_____

ـ أين تذهب في هذا العيد: _____

_____

Cultural Activity 4

في مجموعات صغيرة، اكتب قائمة عن الأشياء التي ستفعلها يوم العيد.

_____

_____

_____

_____

_____

_____

_____

_____

Topic 3
Recipes
وصفات طعام

Vocabulary
المفردات

recipe	وصفة
ingredient	المقادير
salad	سلطة
Go ahead	تَفضّل/ تَفضّلي
lettuce	خس
tomato	طماطم
cucumber	خيار
green pepper	فلفل أخضر
onion	بصل
bread	خبز
cookbook	كتاب الطبخ
salt	ملح
pepper	فلفل
sugar	سكر
oil	زيت زيتون
vinegar	خل
lemon	ليمون
procedure	خطوات العمل
mixing	خلط
kilo	كيلو

Listening Activity 1

استمع للمحادثة جيداً و تدرّب مع صديقك:

(*Audio file provided at www.msupress.org/Arabic.*)

مرحباً.

مرحباً.

هذه سلطة فتوش. تفضل/تفضلي.

شكراً، ما هي الوصفة و المقادير؟

خس، طماطم، خيار، فلفل أخضر، بصل، خبز (البيتا).

Speaking Activity 1

أنت الطباخ الماهر!

<u>في مجموعات صغيرة و باستعمال الكلمات في الجدول اعمل عرض (باور بوينت) لوصفة السلطة المفضلة لديك.</u>

خس	وصفة	مقادير	سلطة	نعنع	طبق
طماطم	خيار	فلفل أخضر	بصل	خبز	ملح
خلط	زيت زيتون	خطوات العمل	ليمون	خل	فلفل

Speaking Activity 2

يعمل الطلاب معاً في مجموعات صغيرة:

1. اقرأ الوصفة.

2. صنف محتويات الوصفة في المكان المناسب من الجدول.

3. قارن النتائج مع زملائك.

الدهون والزيوت والحلويات	الألبان والأجبان	البروتين	الخضروات والفواكه	الخبز والحبوب والأرز والمعكرونة

Speaking Activity 3

اقرأ طريقة عمل شوربة العدس:

مرحبا بكم فى معلومه دوت كوم

شوربة عدس

المقادير

200 جرام عدس اصفر

100 جرام أرز

4 فصوص ثوم

2 بصلة مفرومة

2 ليمون

4 ملعقة كبيرة مكعبات خبز محمر

4 ملعقة كبيرة زيت زيتون

1 ملعقة صغيرة كمون

ملح وفلفل

طريقة الطبخ

اغسلى العدس جيدا ثم ضعيه فى الاناء على النار مع البصل المفروم و 4 اكواب من الماء.

عند غليان الماء ازيلى الريم واتركى الاناء على نار متوسطة الحرارة.

اضيفى الارز واتركيه على النار لمدة 20 دقيقة مع اضافة القليل من الماء.

ارفعى العدس من النار ثم اخلطى الزيت مع الكمون والثوم المفروم والملح والفلفل الاسود واضيفيه الى العدس مع التقليب الجيد.

ضعى العدس فى طبق التقديم وزينيه بالخبز المحمر بالزبده

Reading Activity 1

<u>اقرأ طريقة تحضير سلطة الفتوش:</u>

عزيزي جون ...

أرسل لك وصفة تحضير الفتوش. يمكنك أن تجد هذه الوصفة في كل كتب الطبخ العربية.

المقادير : تحضير كيلو واحد من الطماطم والخيار والبصل و الفلفل الأخضر والخس . بالإضافة إلى بعض زيت الزيتون و الملح و الليمون وبعض الخل.

طريقة التحضير وخطوات العمل:

قطّع الطماطم والخيار والبصل والخس والفلفل الأخضر إلى قطع صغيرة. ضع بعض الملح وزيت الزيتون والليمون و بعض الخل أحياناً. ثم اخلط الخضار بالزيت والليمون. فيكون الفتوش جاهزاً للأكل.

أتمنى أن تعجبك السلطة، وصحتين.

.....سمير

Reading Activity 2

أجب على الأسئلة التالية عن رسالة سمير إلى جون :

1. ماذا أرسل سمير إلى جون؟

_____

2. ما هي مقادير الفتوش؟

_____

_____

3. ما هي طريقة تحضير الفتوش؟

_____

_____

_____

_____

Reading Activity 3

<u>ضع خطاً تحت حرف "ط" وخطين تحت حرف "ت" ثم اقرأ الكلمات بصوت عالٍ:</u>

تحضير - تضحك - تبكي - طائر- طبيخ - طالب - تفاح - توت- طبل - طقس - طماطم

طاولة - تأكل - تشرب

- اكتب الكلمات في المكان المناسب:

تـــــ	طـــ

Reading Activity 4

اقرأ الجمل التالية مع رفيقك في الفصل:

1. وليد تلميذ مجتهد.

2. درس الولد دروسه نهار السبت.

3. أكل حسن التفاحة الحمراء.

4. يشاهد الأطفال التلفاز كل يوم .

5. جلس جون على الكرسي.

6. كتب وليد واجب المدرسة.

7. فتح الولد باب البيت .

8. طبخت أمي الملوخية البارحة .

9. تكتب المعلمة على اللوح .

10. استمعت إلى نشرة الأخبار يوم أمس.

Reading Activity 5

<u>أتحاور مع رفيقي:</u>

جون   سمير

وماذا تحتوى؟
تحتوي على قطعة من اللحم وبعض البطاطا المقلية، بالإضافة إلى بعض البصل و الكاتشب في خبز. ماذا عنك؟
أنا احب مناقيش الزعتر.
اسمها غريب! كيف
نخلط الزيت والزعتر ثم نضعهما على عجينة دائرية و نضعها بالفرن لمدة خمس دقائق،
تبدو شهية... إلى اللقاء
حسناً إلى اللقاء

Writing Activity 1

صل°الحروف لتركيب كلمات مفيدة:

و + ص + ف + ة = ــ

م + ق + ا + د + ي + ر = ــ

س + ل + ط + ة = ــ

خ + س = ــ

ط + م + ا + ط + م = ـــــــــــــــــــــــــــــــــــ

خ + ي + ا + ر = ــ

ف + ل + ف + ل = ـــــــــ ، أ + خ + ض + ر = ـــــــــــــــــ

ب + ص + ل = ـــــــــــــ خ + ب + ز = ــــــــــــــــــــ

ك + ت + ا + ب = ـــــــــ ، ا + ل + ط + ب + خ = ــــــــــ

م + ل + ح = ــــــــــ ف + ل + ف + ل = ـــــــــــ

س + ك + ر = ــ

ل + ي + م + و + ن = ــــــــــــــــــــــــــــــــــــ

ت + ف + ض + ل + ي = ـــــــــــــــــــــــــــــــــــ

خ + ط + و + ا + ت = ــــــــــــــــــــــــــــــــــ

ا + ل + ع + م + ل = ــــــــــــــــــــــــــــــــــ

خ + ل + ط = ـــ

ك + ي + ل + و = ــــــــــــــــــــــــــــــــــــــ

ز + ي + ت = ـــــــــــــــــــــــــــــــــــــــ

ز + ي + ت + و + ن = ـــــــــــــــــــــــــــــــــ

Writing Activity 2

التمرين الثاني:

- اكتب الكلمات باللغة العربية مقابل ترجمتها باللغة الإنجليزية.

وصفة - مقادير- سلطة - خس - طماطم - خيار- بصل- خبز- كتاب الطبخ - ملح - فلفل - سكّر- خل - ليمون - تَفَضّل / تَفَضّلي- خطوات العمل - خلط - كيلو- زيت - زيتون

recipe	
mixing	
ingredient	
salad	
procedure	
go ahead	
olive	
lettuce	
lemon	
vinegar	
tomato	
oil	
sugar	
cucumber	
pepper	
salt	
cookbook	
onion	
bread	
kilo	

Writing Activity 3

امﻸ الفراغ بالكلمة المناسبة في الصندوق.

الخطوات		
الفلفل	الأخضر	الخيار
الخس	السلطة	البندورة
الحامض	المقادير	الملح
الطبخ	البصل	الزيت

قرأت أمي ______ و ______ في كتاب

______ لصنع ______ .

قطعت ______ و______ و______ و______

و ______ ______ .

عصرت ______. أضافت ______ و رشّت

______ فوق الخضار.

Writing Activity 4

املأ الفراغ بـ <u>ما</u> أو <u>ماذا</u> متبعاً المثال التالي:

ما عمرك ؟   ماذا تفعل في العطلة ؟

1. _____ تأكل في الصباح ؟

2. _____ رأيك في الثوب؟

3. _____ تقرأ في الجريدة ؟

4. _____ اشتريت من السوق ؟

5. _____ تدرس في المكتبة ؟

6. _____ لون القلم ؟

Writing Activity 5

<u>اكتب الحروف الناقصة في الفراغ:</u>

جـ___ر___ن

أطفـ___ل

ضـ___وف

أصدقـ___ء

مقـ___دير

طمـ___طم

خيـ___ر

عطشـ___ن

جـ___عان

لـ___يذ

خط___ ___ت

كـ___لو

زيت زيتـ___ن

خضـ___ر

لحـ___م

دهـ___ن

البـ___ن

تنظ___ف

ترتـ___ب السر___ر

شبعـ___ن

تعـ___ـان

Cultural Activity 1. Idioms

ناقش معنى هذا المَثل في الصف.

بالمذاق تُعرف جودة الحلوى.

The proof of the pudding is in the eating.

هذا المَثل يعني أن القيمة الحقيقية أو الجودة لا تُعرف إلا بعد تجربة الشيء. التجربة خير برهان.

Cultural Activity 2

1. اختر وصفة طبق تحبه.

2. اكتب المقادير وخطوات العمل.

3. ابحث عن معلومات عن الوصفة في الانترنت في الموقع التالي:

4. اكتب المعلومات في البطاقة التالية.

5. يجمع الطلاب كل البطاقات في كتاب طبخ.

اسم الوصفة:

_____

المقادير:

_____

_____

_____

_____

ملاحظات ثقافية أو تاريخية عن الوصفة:

_____

_____

_____

Topic 4
At the Restaurant
في المطعم

Vocabulary
المفردات

restaurant	مطعم
the Middle East	الشرق الأوسط
menu	قائمة الطعام
order	طلب
plate	طبق
water	ماء
orange juice	عصير برتقال
the bill	قائمة الحساب
too	كذلك
spoon	ملعقة
fork	شوكة
knife	سكين
napkin	منديل
appetizer	مقبلات
coffee	قهوة
tea	شاي
waiter	نادل
customer	زبون
order	طلب
only	فقط

Listening Activity 1

استمع للمحادثة جيداً و تدرّب مع صديقك:

(Audio file provided at www.msupress.org/Arabic.)

أهلاً و سهلاً بكم في مطعم الشرق الأوسط. هذه قائمة الطعام.

شكراً.

هل تشربون شيئاً؟

أنا أريد عصير برتقال من فضلك.

وأنا أريد قليلاً من الماء.

وأنا كذلك.

هل أنتم جاهزون للطلب؟

نعم. نريد "طبق مشويات" لثلاثة أشخاص.

أي طلب آخر؟

لا . قائمة الحساب فقط.

Listening Activity 2

<u>يعرض المدرس مشاهد عن مطعم في أي دولة عربية.</u>

- يقوم الطلاب بتبادل الأسئلة و الإجابات.

أين مكان هذا المطعم؟ في أي بلد؟

ما أنواع الطعام التي يقدمها المطعم و شاهدناها في الفيديو؟

هل المطعم مخصص للشباب ؟ للعائلات؟ للأطفال؟

لماذا توجد ألعاب أطفال؟

لماذا توجد طاولات و كراسي كثيرة؟

هل يوجد المطعم في الجبل؟ أم بجانب البحر؟

Speaking Activity 1

<u>تبادل الأدوار</u>

<u>يقوم الطلاب بسؤال بعضهم البعض في مجموعات صغيرة (ومن الممكن تقديم أسئلة أخرى)</u>

ما اسم المطعم؟

في أي بلد هذا المطعم؟ أي مدينة؟

أي نوع من الوجبات يقدم؟

ما هو نوع المطبخ المعتمد؟

ما هو تاريخ إضافة الإعلان؟

هل يقدم الحلويات؟

حسب المعلومات المقدمة :

هل تحب الذهاب إلى مثل هذا المطعم؟ لماذا؟

Speaking Activity 2

إذا كان لديك 10 دنانير، ماذا تستطيع أن تشتري لتأكل أفضل وجبة ممكنة؟ شارك اختياراتك مع رفاقك في الصف.*

خدمة التوصيل

مطعم مؤمن

كل الأكلات من مطعم واحد

الشميساني - مجمع اشنانة التجاري

هاتف: ٥٦٩٣٤٥١ /٠٦ - ٥٦٨٠٧٣٠ /٠٦

خلوي: ٧٧٠٢٥٠٠ /٠٧٩

الاطباق

الاطباق	السعر (فلس)
صحن حمص - مسبحة - حمص بيروتي مع زيت زيتون	700
صحن فول - قدسية - متبل مع زيت زيتون	700
صحن بيض مقلي عدد2	700
صحن عجة	850
صحن بطاطا مقلية	850
صحن قلاية بندورة	850
صحن مفركة بطاطا مع بيض	950
صحن لبنة مع زيت زيتون	850
صحن لبنة مع جبنة حلوم	1.750
صحن لحمة مع بصل	1.750
صحن لحمة مع بندورة	1.750
صحن لحمة على حمص	1.750
صحن كبدة دجاج	1.750
صحن كبدة غنم	1.750
صحن كبدة على حمص	1.850
نقانق بلدية - نقانق بلدية مع بيض	1.850
صحن دجاج مسحب	2.300
صحن شيش طاووق	2.550
صينية كفتة بالفرن مع بندورة او طحينية	2.300
صحن فتة حمص مع زيت	1.150
صحن فتة حمص مع صنوبر مع زيت	1.450
صحن فتة حمص مع صنوبر ولحمة مع زيت	1.900
صحن ميمعة/ بيض مع جبنة وسفيورة	1.850

خلّيها وجبة كاملة...

اضف 90 قرش واحصل مع اي من السندويشات على

بطاطا + سلطة ملفوف + كولا + مخلل + مايونيز + كاتشب

سندويشات البرغر

سندويشات البرغر	السعر
ساندويش برغر لحمة	850
ساندويش برغر لحمة مع جبنة	1.000
ساندويش برغر لحمة مع بيض	1.000
ساندويش برغر لحمة مع بيض وجبنة	1.150
ساندويش سكالوب دجاج	950
ساندويش سكالوب مع جبنة	1.100
ساندويش مؤمن خاص	750
ساندويش مؤمن الفلاح	1.000
علبة بطاطا	550

السلطات والمقبلات

السلطات والمقبلات	السعر
سلطة عربية - سلطة بلدية - سلطة ملفوف (كولسلو)	650
سلطة خيار باللبن	650
سلطة يونانية	1.350
فلافل عدد 3 حبات - حجم وسط	050
رغيف خبز اضافي	050
علبة شطة	150
علبة مايونيز	200

المشروبات الساخنة والباردة

المشروبات الساخنة والباردة	السعر
شاي	200
شاي مع حليب - زهورات - قهوة - نسكافيه	350
عصير بابيا - ميزو - اوغاريت - براود	350
عصير الربيع	550
مشروبات غازية كبيرة كولا - اب - اورانج	300
مياه معدنية وسط	250
مياه معدنية كبير	400

ملاحظة: 1 دينار أردني = 1000 فلس ، 1 دينار أردني = $4.11

Reading Activity 1

<u>اقرأ الحوار التالي بين سمير وجون:</u>

سمير : مرحباً يا جون.

جون: مرحباً يا سمير.

سمير: هل تريد أن تذهب إلى مطعم عربي للغداء اليوم.

جون: نعم. إلى أي مطعم؟

سمير: مطعم الأمير.

جون: حسناً.

النادل: أهلاً وسهلاً بكم في مطعم الأمير. هذه قائمة الطعام.

سمير: شكراً.

النادل: هل أنتم جاهزون للطلب؟

جون: نعم، نريد المقبلات مثل التبولة والحمص.

سمير: ثم نريد صحن دجاج مع الرز. ونريد أيضاً عصير البرتقال.

النادل: أي طلب آخر؟

جون: بعض القهوة بعد الأكل. شكراً.

Reading Activity 2

أجب عن الأسئلة التالية عن الحوار بين سمير وجون:

1. ما اسم المطعم؟

_____

2. ما هي المقبلات التي طلبها جون؟

_____

3. ما هو العصير الذي طلبه سمير؟

_____

4. ماذا طلب سمير للغداء؟

_____

5. ماذا طلب جون بعد الأكل؟

_____

Reading Activity 3

<u>ضع خطاً تحت حرف "ض" وخطين تحت حرف "د"، ثم اقرأ الكلمات بصوت عالٍ:</u>

تحضير - ضحك - نادل - مقادير- ضيوف – عيد سعيد – عيد الأضحى- حامض- عادات - تقاليد - عيد الفطر - بيض - دكتور – ارض – ولد

- اكتب الكلمات في المكان المناسب:

ضـــ	د

Writing Activity 1

صل°الحروف لتركيب كلمات مفيدة:

م + ط + ع + م = ______________________

ا + ل + ش + ر + ق = ______________________

ا + ل + أ + و + س + ط = ______________________

ق + ا + ئـ + م + ة = ______________________

ا + ل + ط + ع + ا + م = ______________________

ط + ل + ب = ______________ ط + ب + ق = ______________

م + ا + ء = ______________________

ب + ر + ت + ق + ا + ل = ______________________

ع + ص + ي + ر = ______________________

ا + ل + ح + س + ا + ب = ______________________

ك+ ذ + ل + ك = ______________________

م + ل + ع + ق + ة = ______________________

ش + و + ك + ة = ______________________

س + ك + ي + ن= ______________________

م + ن + د + ي + ل = ______________________

م + ق + ب + ل + ا + ت= ______________________

ق+ هـ + و + ة =______________ ش + ا + ي = ______________

ن + ا + د + ل = ______________________

Writing Activity 2

التمرين الثاني:

ـ اكتب الكلمات باللغة العربية بالعمود المقابل لترجمتها باللغة الإنجليزية.

مطعم ـ الشرق الأوسط ـ عصير برتقال ـ قائمة الطعام ـ قائمة الحساب ـ طلب ـ طبق ـ شاي ـ نادل ـ مقبلات ـ قهوة ـ منديل ـ سكين ـ شوكة ـ ملعقة ـ كذلك ـ ماء ـ زبون.

too	
napkin	
customer	
waiter	
appetizer	
coffee	
the bill	
orange juice	
restaurant	
the Middle East	
menu	
water	
order	
plate	
knife	
fork	
tea	
spoon	

Writing Activity 3

التمرين الثالث:

ـ اكتب حرف الـ ض أو الـ د في المكان المناسب له:

ــ فــ عة خــ راء في الحــ يقة

حوـ سمك.

يجب أن تأكل الكثير من الخــ ار و القليل من الــ هون.

بيـ الـ جاجة لذيذ جـ اً.

ركـ سمير وراء ـ رّاجة جون.

شرب وليـ الـ ـ واء.

Writing Activity 4

اكتب أداة الاستفهام المناسبة في بداية كل جملة:

هل؟ مَن؟ ماذا؟ لماذا؟ كيف؟ متى؟ أين؟

1. _____ لا تبقى في البيت؟

2. _____ يرجع والدك من السفر؟

3. _____ تحب فصل الشتاء؟

4. _____ وضعت مفتاح السيارة ؟

5. _____ حالك اليوم ؟

6. _____ اخترع الآلة الحاسبة ؟

7. _____ تفضّل أن تأكل على العشاء ؟

Writing Activity 5

اكتب قائمة بما تجده من طعام في مطعم عربي:

1. استخدم الكلمات التالية أو كلمات أخرى من عندك.

الشوربة – المقبلات – السلطة – التبولة ـ الفتوش ـ الرز باللحم ـ المشاوي ـ شيش طاوق ـ
الدجاج المشوي ـ الحلويات العربية ـ كنافة بالقشطة – حمص – فول بالزيت – كبة – كباب.

2. اكتب السعر بجانب كل طبق.

Cultural Activity 1. Idioms

ناقش معنى هذا المَثل في الصف.

الجوع أحسن الصلصات

Hunger is the best sauce.

هذا المَثل يعني أن كل شيء طعمه جيد عندما تكون جوعان.

Cultural Activity 2

في مجموعات صغيرة، اكتب قائمة طعام لمطعم جديد فيها المعلومات التالية:

(يمكنك استخدام قائمة الطعام التالية أو تصميم قائمة من عندك).

1. اسم المطعم.

2. عنوان المطعم، رقم التلفون، ساعات العمل.

3. شعار المطعم.

4. أسماء الطعام.

5. بعض المقادير.

6. الأسعار.

اسم المطعم

شعار المطعم

العنوان

رقم التلفون

ساعات العمل

اسم الطعام	السعر	المقادير
____________	________	____________________
____________	________	____________________
____________	________	____________________
____________	________	____________________
____________	________	____________________
____________	________	____________________
____________	________	____________________
____________	________	____________________
____________	________	____________________
____________	________	____________________
____________	________	____________________
____________	________	____________________

Cultural Activity 3

اكتب قائمة حساب واحسب بقشيش 15%.

قائمة حساب

_____

_____

_____

_____

_____

_____

_____

البقشيش 15% = _____

المجموع = _____

Cultural Activity 4

1. املأ الجدول التالي عن نفسك.

ماذا تطلب في هذا المطعم؟	ما اسم مطعمك المفضل؟	ما هو طعامك المفضل؟	اسمك

2. اسأل زملاءك واملأ الجدول التالي.

ماذا تطلب في هذا المطعم؟	ما اسم مطعمك المفضل؟	ما هو طعامك المفضل؟	اسم الطالب	
				1
				2
				3
				4

Unit 4
Clothing
الملابس

Topic 1
Parts of the Body
أعضاء الجسم

Vocabulary
المفردات

head	الرأس
eyes	العينان
hands	اليدان
ears	الأذنان
feet	القدمان
mouth	الفم
nose	الأنف
legs	الساقان
right	يمين
left	يسار
rest	راحة
pain	ألم
medicine	دواء
treatment	علاج
doctor	طبيب
teeth	أسنان
dentist	طبيب أسنان
nurse	ممرضة
hospital	مستشفى
ambulance	سيارة إسعاف

Listening Activity 1

استمع للمحادثة:

(Audio file provided at www.msupress.org/Arabic.)

من يريد أن يلعب معي لعبة "سيمون يقول" ؟

أنا أريد أن ألعب.

جيد، أصبحنا سبعة. هيا نلعب الآن. سيمون يقول: دُرْ إلى اليمين

سيمون يقول : دُرْ إلى اليسار.

سيمون يقول: ضع يديك على رأسك.

سيمون يقول: المس أنفك بيدك اليمنى.

سيمون يقول: المس أذنك اليمنى.

من يريد أن يكون سيمون الآن؟

Listening Activity 2

شاهد إعلان عن العناية بالأسنان.

- ضع كل الكلمات التي تعرفها في الجدول.

- شكل دائرة مع أصدقائك حيث يتحدث كل واحد بدوره عن جانب من جوانب الإعلان

- مع زميلك في الصف اعمل إعلان تشجيعي مماثل للعناية بالأسنان.

Watch the video as many times as you can. In the chart below, list all words you recognize.

Form a circle. Taking turns and moving around the circle, describe one aspect of the video.

With your partner create a similar commercial promoting healthy teeth.

Speaking Activity 1

بعد أن تصل الكلمات بالرسم المرفق، استعمل نفس الكلمات في قصة قصيرة ومن تأليفك.

أعضاء الجسم

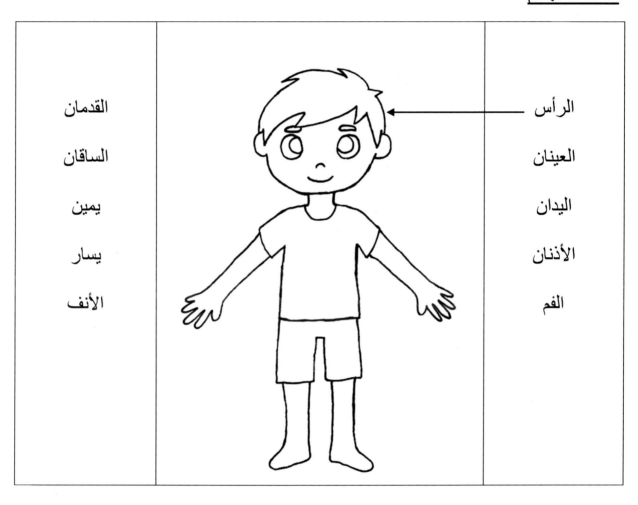

القدمان		الرأس
الساقان		العينان
يمين		اليدان
يسار		الأذنان
الأنف		الفم

Speaking Activity 2

الرياضة للجميع!

ضع تشكيلة من التدريبات الرياضية باستعمال يمين، يسار كما في الأمثلة المرفقة.

قم بالتدريبات الرياضية بشكل إبداعي و بتحريك الأيدي و الأرجل و الرأس...و بتشكيلات مختلفة...

يتناوب الطلاب قيادة الفصل وتسيير التدريبات الرياضية بقول تشكيلاتهم.

Make your own exercise routine using the *right* and *left* commands. Be creative: include movements in different combinations, using arms, legs, head, and other parts of the body.

Take turns presenting your workout to the rest of the class while your classmates move accordingly.

يمين، يمين، يمين، يسار...

يمين، يسار، يمين، يسار...

يسار، يسار، يمين، يمين...

Reading Activity 1

صل الأحرف واقرأ الكلمات:

1. ا - ل - ر- أ - س ____ ______________________________

2. ا- ل - ع - ي - ن- ا - ن ______________________________

3. ا - ل - ي - د - ا - ن _ ______________________________

4. ا- ل- أ - ذ - ن - ا - ن ______________________________

5. ا - ل- ق - د - م - ا – ن ______________________________

6. ا- ل- ف - م ________ ______________________________

7. ا - ل- أ - ن – ف ____ ______________________________

8. ا - ل- س - ا - ق - ا – ن ______________________________

9. أ - س - ن - ا – ن __ ______________________________

Reading Activity 2

<u>اقرأ وتعرف على ابن سينا:</u>

اسمه أبو علي الحسين بن عبد الله بن الحسين بن علي بن سينا، يلقب بالشيخ الرئيس. وُلد في عام 370هـ -980 م. وهو أول من قال بالعدوى عن طريق الماء والتراب، خاصة عدوى السل الرئوي. وهو أوَّل من وَصف التهاب السحايا. وهو أوَّل من اكتشف الدودة المستديرة أو دودة الإنكلستوما قبل الطبيب الإيطالي روبنتي بأكثر من 800 سنة.

Reading Activity 3

أجب عن الأسئلة التالية عن ابن سينا:

1. من هو ابن سينا؟

_____

2. بماذا كان يلقب؟

_____

3. في أي سنة ولد ابن سينا؟

_____

4. ما هي الأمراض التي اكتشفها ابن سينا؟

_____

Reading Activity 4

<u>ابحث في الانترنت عن ثلاثة عُلماء أو مفكرين عرب وعدّد إنجازاتهم. ينقسم الطلاب إلى ثلاث مجموعات، كل مجموعة تبحث عن عالم أو مفكر مختلف.</u>

- الاسم:

- الدراسة:

- أهم الانجازات:

Reading Activity 5

بعد قراءة الكلمات في التمرين الأول، حدّد أطراف جسم الإنسان.

Writing Activity 1

<u>ضع الكلمات في جمل:</u>

الرأس = _____ _____

العينان = _____ _____

الفم = _____ _____

طبيب = _____ _____

الساقان = _____ _____

سيارة = _____ _____

إسعاف = _____ _____

الرأس = _____ _____

راحة = _____ _____

اليدان = _____ _____

الأذنان = _____ _____

القدمان = _____ _____

يمين = _____ _____

يسار = _____ _____

ألم = _____ _____

دواء = _____ _____

علاج = _____ _____

طبيب = _____ _____

أسنان = _____ _____

Writing Activity 2

اكتب الكلمات باللغة العربية مقابل ترجمتها باللغة الإنجليزية.

الرأس ـ العينان ـ الفم ـ طبيب ـ الساقان ـ سيارة إسعاف ـ راحة ـ اليدان ـ الأذنان ـ القدمان ـ الأنف ـ يمين ـ يسار ـ ألم ـ دواء ـ علاج ـ طبيب أسنان ـ ممرض/ممرضة ـ مستشفى ـ أسنان

ambulance	
hospital	
nurse	
dentist	
teeth	
nose	
legs	
mouth	
right	
feet	
left	
ears	
rest	
hands	
pain	
eyes	
medicine	
treatment	
head	
doctor	

Writing Activity 3

<u>احذف الكلمة الدخيلة من كل مجموعة متبعاً المثال:</u>

علاج داوء ممرضة طبيب ~~مدرسة~~	أيام الأسبوع الجمعة الراحة الأربعاء	الأنف الأذنان ألم الفم الرأس	شهر شباط أيلول يمين أذار	دهون خضار نشويات لذيذ لحوم

Writing Activity 4

استعمل أدوات الاستفهام لتكمل الجمل التالية.

- سألتني المعلمة: ـــــــــ لم تحضر الإملاء؟

- ـــــــــالسـاعة الآن؟

- ـــــــــ وصلت إلى المدرسة؟

- ـــــــــ وضعت الممرضة الدواء؟

Writing Activity 5

اكتب الكلمة المناسبة في المربع المقابل للصورة:

القدمان – الأنف – الأذنان – اليدان – الساقان – الرأس – العينان – الفم

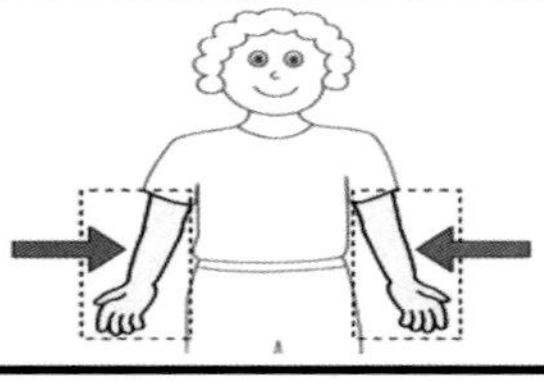	

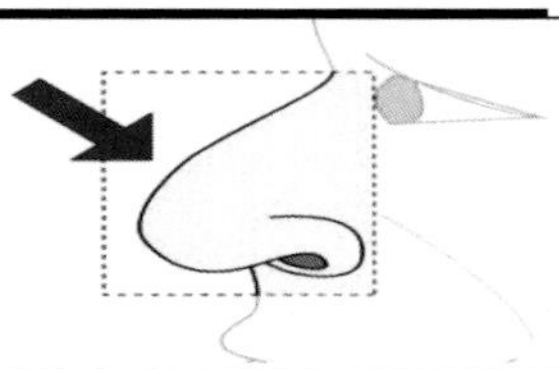	

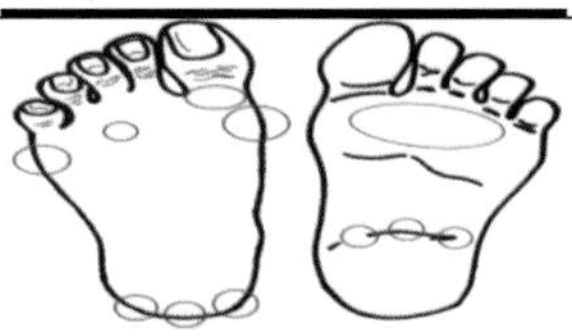	

Writing Activity 6. Prepositions

حروف الجر

اقرأ واكتب حروف الجر التالية:

in	في _____
on	على _____
from	مِن _____
to	إلى _____
about	عن _____

Writing Activity 7

املأ الفراغ بحرف الجر المناسب.

1. ذهب الطالب _____ المدرسة.

2. يدرس الولد _____ المكتبة.

3. هذه الهدية _____ صديقي.

4. أقرأ كتاباً _____ ابن سينا.

5. أضع الكتاب _____ الطاولة.

Cultural Activity 1. Idioms

ناقش معنى هذا المَثل في الصف.

النظافة من الإيمان

Cleanliness is next to godliness.

هذا المَثل يعني أن النظافة مهمة وهي جزء من الإيمان.

Pixabay.com

Cultural Activity 2. Body Language

<u>اعمل مع زميلك، وابحث عن إشارات / الحركات المعبرة عن هذه الكلمات في العالم العربي، ثم قارنها مع الإشارات المُستعملة في أمريكا.</u>

- تعال.

- لا أعرف.

- حظاً سعيداً.

- مرحباً.

- مع السلامة.

- كيف؟

- تمهل / اهدأ.

- توقف.

- هذا يكفي.

Topic 2
The Clothes We Wear
ملابسنـــا

Vocabulary
المفردات

clothes	ملابس
wedding	عرس
market	سوق
dress	فستان
new	جديد
with me	معي
purchasing	شراء
shoe	حذاء
headscarf	حجاب
hat	قبعة
red	أحمر
blue	أزرق
green	أخضر
yellow	أصفر
black	أسود
skirt	تنورة
robe	ثوب
pants	بنطلون
shirt	قميص
abaya	عباءة

Listening Activity 1

<u>استمع للمحادثة:</u>

(Audio file provided at www.msupress.org/Arabic.)

مرحباً.

أهلاً بك.

هل توجد لديك ملابس للحفلات؟

نعم، هذا فستان جديد. ما رأيك؟

إنه جميل، و هل يوجد حذاء مناسب؟

نعم هذا الحذاء الأسود مناسب جداً و رخيص.

جيد. شكراً.

مبروك عليك الحذاء و الثوب.

Speaking Activity 1

<u>اسأل وأجب على الأسئلة بالاشتراك مع زميل:</u>

مثال:

ماذا تحب أن تلبس مع الجاكيت ؟

(لا) (نعم)

أحب أن ألبس قميصا أبيض.

Speaking Activity 2

ابحث عن أربعة إعلانات ملابس. بالاشتراك مع زميل، حاول أن تعرف:

لمن يتوجه هذا الإعلان؟	ما هي أنواع الملابس التي يبيعها هذا المحل؟	هل لديهم عرض خاص؟ ما هو؟	هل من الممكن أن نعرف كل إعلان من أي بلد؟	

	هل من الممكن أن نعرف كل إعلان من أي بلد؟	هل لديهم عرض خاص؟ ما هو؟	ما هي أنواع الملابس التي يبيعها هذا المحل؟	لمن يتوجه هذا الإعلان؟

Speaking Activity 3

اعمل مع زميل أو في مجموعات صغيرة لعمل لوحة (poster board) ثم قدّمها للصف.

اختر أحد المواضيع التالية:

1. قارن بين العادات العربية والعادات الأمريكية في الأعراس.
2. ابحث عن الاختلافات الثقافية والإقليمية في الملابس بين البلاد العربية.
3. ابحث عن أنواع الملابس التقليدية في الثقافات العربية المختلفة.

العادات العربية	العادات الأمريكية

Reading Activity 1

صل الأحرف واقرأ الكلمات:

1. م – ل – ا – ب – س

_____ .

2. ع – ر- س

_____ .

3. ج – د – ي – د

_____ .

4. ش – ر – ا – ء

_____ .

5. ف – س – ت – ا – ن

_____ .

6. ح – ذ – ا – ء

_____ .

7. ق – ب – ع – ة

_____ .

8. ب – ن – ط – ل – و – ن

_____ .

9. ت – ن – و- ر- ة

_____ .

10. ا – س – و – د

_____ .

11. أ – ح – م – ر

_____ .

12. أ – ز – ر – ق

_____ .

13. أ – خ – ض – ر

_____ .

Reading Activity 2

اقرأ ما يلي:

لبسنا ثيابنا الجديدة واشترينا باقة من الورد الأحمر و ذهبنا ليلة البارحة إلى عرس جارنا. عند وصولنا إلى مكان العرس، شاهدت بعض الأضواء الخضراء والزرقاء في كل مكان. نظرت إلى العريس وكان يلبس بنطلوناً أسوداَ وقميصاً أبيض و حذاءً أسود جديداً. بينما لبست العروس الفستان الأبيض. وقد رقص الجميع على أنغام الأغاني الفلكلورية كالميجانا و الدلعونة.

Reading Activity 3

أجب عن الأسئلة التالية:

1. أين ذهب الكاتب؟

_____

2. ماذا لبس الكاتب؟

_____

3. ما هي الألوان التي شاهدها الكاتب؟

_____

4. ماذا كان يلبس العريس؟

_____

5. ما كان لون ثياب العريس؟

_____

6. ماذا لبست العروس؟

_____

Reading Activity 4

اسأل صديقك:

1. ما هو لونك المفضل؟   _____

2. ما لون قميصك ؟   _____

3. ما لون بنطلونك؟   _____

4. ما لون حذائك؟   _____

5. هل اشتريت ثياباً جديدة؟   _____

Writing Activity 1

استخدم الكلمات في جمل:

ملابس = _____

عرس = _____

سوق = _____

فستان = _____

جديد = _____

معي = _____

شراء = _____

حذاء = _____

حجاب = _____

قبعة = _____

أحمر = _____

أزرق = _____

أخضر = _____

أصفر = _____

أسود = _____

تنورة = _____

ثوب = _____

بنطلون = _____

قميص = _____

Writing Activity 2

<u>اكتب الكلمات باللغة العربية مقابل ترجمتها باللغة الإنجليزية.</u>

ملابس – عرس – سوق – فستان – جديد – معي – شراء– أخضر– أسود – تنورة – ثوب –
بنطلون – قميص – حذاء – حجاب –أحمر– أصفر– أزرق – قبعة

clothes	
shirt	
pants	
skirt	
black	
hat	
green	
with me	
blue	
new	
ed	
purchasing	
headscarf	
clothes	
shoes	
dress	
store	
wedding	
yellow	

Writing Activity 3

اكتب تحت الصورة اللون الذي تراه:

احذف الكلمة الدخيلة من كل مجموعة:

حجاب	أحمر	الأنف	في	ملابس
حذاء	أصفر	الأذنان	من	أحمر
ثوب	أيلول	الفم	إلى	بنطلون
سوق	أسود	الرأس	آب	تنورة
قبعة	أزرق	فستان	على	قميص

Writing Activity 4

ضع الكلمات التالية في جملة مفيدة:

عرس : _____

السـوق: _____

قبّعة: _____

شـراء: _____

Cultural Activity 1. Idioms

ناقش معنى هذا المَثل في الصف.

كُن جميلاً ترى الوجود جميلا.

When you look good, the rest of the world looks good.

هذا المَثل يعني أن تكون جميلاً من الداخل ومتفائلا، سوف ترى الحياة أجمل.

اعمل في مجموعات صغيرة، ابحث عن صور في مجلات الأزياء

(fashion magazines)

ـ يصف واحد في المجموعة الملابس والألوان في الصورة.

ـ تسمع المجموعة، ثم تصف الجو، والفصل، والمناسبة للملابس في الصورة.

Cultural Activity 2

في مجموعات صغيرة، اعمل نشرة إعلانية (flyer)عن عرض أزياء عربي.

1. كل مجموعة تختار بلداً عربياً.

2. ابحث عن الملابس التقليدية في هذا البلد.

3. ارسم أو اكتب النشرة للإعلان عن عرض الأزياء.

4. قدّم النشرة الإعلانية للصف.

الملابس:	فستان
الألوان:	أبيض وأسود
الجو:	حار
الفصل:	الصيف
المناسبة:	عطلة الصيف

Topic 3
Weddings and Celebrations
الأعراس والمناسبات

Vocabulary
المفردات

wedding	عرس
bride	عروس
groom	عريس
congratulations	مبروك
Excuse me	اسمح لي / اسمحي لي
Go ahead	تفضّل / تفضّلي
it seems	يبدو
uncle on father's side	عم
aunt on father's side	عمة
uncle on mother's side	خال
aunt from mother's side	خالة
grandfather	جد
grandmother	جدة
happy	سعيد / سعيدة
sad	حزين /حزينة
boring	مُمِل
not bad	لا بأس
dancing	رقص
music	موسيقى
hall	قاعة

Listening Activity 1

<u>استمع للمحادثة:</u>

(Audio file provided at www.msupress.org/Arabic.)

السلام عليكم.

وعليكم السلام.

أنا هاشم، ابن عم العريس.

أنا جُمانة، صديقة العروس.

تشرفنا.

تشرفنا.

يبدو عرساً لطيفاً.

نعم . سأذهب لأقول لهما "مبروك". اسمح لي.

تفضلي.

Speaking Activity 1

<u>في مجموعات صغيرة، تكلم عن احتفالات عائلتك المفضلة.</u>

- ما هي المناسبة؟

- متى كانت المناسبة؟

- أين كانت المناسبة؟

- مَن كان في الحفلة؟

- ماذا حدث في الحفلة؟

Reading Activity 1

<u>اقرأ ما يلي:</u>

وصلنا إلى قاعة العرس في الساعة الثامنة مساءً. كان الجميع واقفين عند مدخل القاعة، أبو العريس وأمه وأبو العروس وأمها، هذا بالإضافة إلى العم والعمة والخال والخالة والجد والجدّة. دخلنا إلى القاعة وسلّمنا على الجميع وكنا نردد كلمة " مبروك ". جلسنا على الطاولة في انتظار دخول العروس والعريس. الجميع كانوا سعداء ويستمعون إلى الموسيقى. بعد نصف ساعة دخل العريس يلبس بدلة سوداء، وقميصا أبيض وربطة عنق حمراء اللون. بعد خمس دقائق دخلت العروس بفستانها الأبيض، فحضنتها أمها ثم استلمها العريس و بدأوا بالرقص على موسيقى الطبل والمزمار.

Reading Activity 2

أجب عن الأسئلة التالية:

1. ما هي المناسبة؟

_____

2. متى وصل الكاتب إلى العرس؟

_____

3. من كان واقفاً عند مدخل القاعة؟

_____

4. ماذا قال الكاتب لأهل العروسين؟

_____

5. من دخل أولا العروس أم العريس؟

_____

6. ماذا كان يلبس العريس؟

_____

7. ماذا كانت تلبس العروس؟

_____

8. ما لون ربطة العنق التي كان يلبسها العريس؟

_____

9. ماذا فعل العروسان عند دخولهما؟

_____

10. هل كان الجميع سعداء؟

_____

Reading Activity 3

<u>املأ الفراغ بالكلمة المناسبة:</u>

الثامنة ـ العروس ـ عرس ـ أمها ـ الطبل ـ قاعة ـ مبروك ـ أسود ـ أبيض ـ الخالة ـ الجدة

وصلنا إلى _____ العرس في الساعة _____ مساءً. الكل كانوا واقفين عند

مدخل القاعة؛ أبو العريس وأمه، وأبو العروس و أمها، هذا بالإضافة إلى العم والعمة والخال

و _____ والجد و _____. دخلنا إلى القاعة وسلمنا على الكل وكنا

نردد كلمة " _____ ". جلسنا على الطاولة في انتظار دخول العريس

و _____. الكل كانوا سعداء و يستمعون إلى الموسيقى. بعد نصف ساعة دخل

العريس لابساً بدلة سوداء، وهي عبارة عن بنطلون _____ و قميص

_____ وربطة عنق حمراء اللون. بعده بخمس دقائق دخلت العروس بفستانها

الأبيض فحضنتها _____ ثم استلمها العريس و بدأوا بالرقص على إيقاع

_____ والمزمار.

Writing Activity 1

صلْ الحروف لتركيب كلمات مفيدة:

م+ و+ س + ي+ ق + ى = ______________________________

ل+ ا ، ب + أ + س = ______________________________

ع + ر+ س = ______________________________

ت+ ف + ضّ + ل + ي = ______________________________

م + م + ل = ______________________________

ر+ ق + ص = ______________________________

ق + ا + ع + ة = ______________________________

ع + ر+ و+ س = ______________________________

م + ب + ر+ و+ ك = ______________________________

ع + مّ + ة = ______________________________

خ + ا + ل = ______________________________

س + ع + ي + د = ______________________________

س + ع + ي + د+ ة = ______________________________

خ + ا + ل + ة = ______________________________

ج + دّ = ______________________________

ع + م = ______________________________

إ + س + م + ح = ______________________________

إ + س + م + ح + ي = ______________________________

ل + ي = ______________________________

Writing Activity 2

اكتب الكلمات باللغة العربية مقابل ترجمتها باللغة الإنجليزية.

عروس – مبروك – عمّة – خال – سعيد/سعيدة ـ خالة – جدّ – عم ـ قاعة ـ اسمح لي/ اسمحي لي عريس – موسيقى ـلا بأس– عرس – تفضل/ تفضلي– يبدو – جدّة – ممل – رقص

wedding	
bride	
groom	
congratulation	
excuse me	
go ahead	
it seems	
uncle from father's side	
aunt from father's side	
uncle from mother side	
aunt from mother side	
grandfather	
grandmother	
happy	
sad	
boring	
not bad	
hall	
dancing	

Writing Activity 3

اكتب مكان الفراغ الحرف (س) أو الحرف (ص)

و __ ل __ امي إلى المدر __ ة.

جلـ __ __ امي في الـ __ ف.

__ حابه. لعب مع أ

كان __ امي __ عيداً جداً.

Writing Activity 4

استعمل الكلمات التالية في كتابة فقرة تصف حفلة عرس:

عرس – عروس – عريس– موسيقى – رقص – قاعة – مبروك – سعيد/سعيدة.

_____

_____

_____

_____

_____

_____

Writing Activity 5

احذف الكلمة الدخيلة من كل مجموعة:

غداء	شهر	أين	عرس	خال
عشاء	يوم	متى	قاعة	جد
سحر	سنة	لماذا	حفلة	عمة
لذيذ	أسبوع	في	مدرسة	طبيب
فطور	عيد	كيف	موسيقى	خالة

Cultural Activity 1. Idioms

Pixabay.com

<u>ناقش معنى هذا المَثل في الصف.</u>

الحب أعمى

Love is blind.

هذا المَثل يعني أنه عندما تحب، لا ترى عيوب الشخص الذي تحبه.

Cultural Activity 2

اختر بلداً عربياً، ثم ابحث عن صور أو فيديو عن احتفالات الأعراس في هذا البلد. اكتب عن ما يلي:

1. اسم البلد: _____

2. ماذا يلبس العريس؟

_____

3. ماذا تلبس العروس؟

_____

4. ماذا يلبس أهل العريس والعروس والضيوف؟

_____

5. ما نوع الموسيقى؟

_____

6. ما هي تقاليد الأعراس في هذا البلد؟

_____

_____

_____

_____

Cultural Activity 3

<u>قارن بين أعراس البلاد العربية والأعراس في أمريكا. ما هي أوجه التشابه والاختلاف.</u>

الأعراس في أمريكا	الأعراس البلاد العربية

Cultural Activity 4

<u>بعد مقابلة مع زميل لك، اكتب الإجابات عن الأسئلة التالية، ثم قدّم للصف عادات الأعراس في
بلد زميلك.</u>

المقابلة

- الاسم: _____   اسم البلد: _____

- ماذا يلبس العريس في حفلة العرس؟

_____

- ماذا تلبس العروس في حفلة العرس؟

_____

- ماذا يلبس أهل العريس والعروس والضيوف؟

_____

- ما نوع الموسيقى؟

_____

- ما هي تقاليد الأعراس في هذا البلد؟

_____

_____

_____

Topic 4
Fashion Design
الأزيـــاء

Vocabulary

المفردات

suit	بدلة
elegant	أنيق / أنيقة
sale	تنزيلات
marked down	مخفّض
gift	هدية
then	إذاً
fashion	موضة
How much?	بكم؟
will/shall	سوف
price	سعر
gorgeous	متألق /متألقة
wonderful	رائع /رائعة
model	عارضة أزياء
fashion show	عرض أزياء
fashion designer	مصمم أزياء
famous	مشهور / مشهورة
attractive	جذّاب /جذّابة
size	مقاس
fabric	قماش
sewing	خياطة

Listening Activity 1

استمع للمحادثة:

(*Audio file provided at www.msupress.org/Arabic.*)

مساء الخير.

مساء النور.

بدلتك أنيقة وعلى الموضة.

شكراً. هناك تنزيلات في السوق. سعر هذه البدلة كان منخفضاً إلى 50%.

حقاً؟ سأذهب إذاً لأشتري فستاناً.

Listening Activity 2

شاهد فيديو عرض أزياء ثم ضع الكلمات التي تعرفها في الجدول التالي:

Speaking Activity 1

<u>في دائرة، تحدث مع زملائك عن محتوى الفيديو في التمرين الثاني تحدث عن:</u>

- مصممي الأزياء.

- أسماء البلاد التي تعرض فيها الأزياء.

- ألوان الفساتين المعروضة؟

- من أي ثقافة يستوحي المصممون أزياءهم؟

- هل الفساتين جميلة؟

- هل تحب أن تكون مصمم/مصممة أزياء؟ لماذا؟

Speaking Activity 2

<u>تحدث مع زميلك عن كل صورة من الصور التالية وتكلم عن ما يلي:</u>

اللباس التقليدي في مختلف الدول العربية.

ملابس النساء

ملابس الرجال

الألوان

المناسبات/ الأعياد

الجَمال

الأناقة

Reading Activity 1

اقرأ الحوار التالي.

حنان: هل شاهدت عرض الأزياء البارحة؟

سالي: أجل، كان عرضاً جميلاً.

حنان: كانت العارضات متألقات في العرض.

سالي: لا تنسي أن مصمم الآزياء مشهور أيضاً.

حنان: ما رأيك بنوعية القماش المستعمل؟

سالي: إنه قماش ناعم.

حنان: ما رأيك في عارضة الأزياء يا وليد؟

وليد: إنها جذابة ورائعة يا حنان.

حنان: أجل لقد كانت متألقة البارحة.

Reading Activity 2

أجب عن الأسئلة التالية:

1. ما أسماء المتحاورين.

_____

2. ما هي المناسبة؟

_____

3. كيف كان العرض؟

_____

4. ماذا قالت سالي عن مصمم الآزياء؟

_____

5. كيف كان القماش؟

_____

6. ماذا قال الرجل عن عارضة الأزياء؟

_____

7. هل وافقته حنان على رأيه؟

_____

Writing Activity 1

اكتب الكلمات في جمل:

أنيقة
_____

تنزيلات
_____

مخفّض
_____

هدية
_____

موضة
_____

بكم
_____

سوف
_____

سعر
_____

متألقة
_____

عارضة
_____

أزياء
_____

عرض
_____

مصمم
_____

مشهورة
_____

Writing Activity 2

اكتب الكلمات باللغة العربية مقابل ترجمتها باللغة الإنجليزية.

بدلة ـ تنزيلات – مخفّض – قماش – أنيق / أنيقة ـ هدية – إذاً ـ موضة ـ بكم؟ ـ سوف ـ
متألق / متألقة ـ رائع / رائعة ـ عارضة أزياء ـ مشهور/ مشهورة ـ مصمم أزياء ـ
جذاب / جذابة ـ عرض أزياء – سعر ـ مقاس ـ خياطة

sewing	
famous	
fashion designer	
fashion show	
model	
wonderful	
gorgeous	
price	
will/shall	
How much?	
fashion	
then	
present(gift)	
down	
marked	
sale	
elegant	
suit	
attractive	
size	

Writing Activity 3

تحتفي دار الأوبرا المصرية الخميس المقبل بالذكرى السابعة والثلاثين لرحيل كوكب الشرق، صوت العرب المغرد أم كلثوم، فتقام أمسيات غنائية في المسارح التابعة لدار الأوبرا في القاهرة والإسكندرية ودمنهور.

أجب عن الأسئلة التالية:

1. استخرج من الإعلان كلمات فيها حرف الـ (ع).

_____ ، _____ ، _____ .

2. استخرج من الإعلان كلمات فيها همزة (ء).

، _____ ، _____ ، _____

_____ ، _____ ، _____ .

Writing Activity 4

اكتب الكلمة المناسبة في المربع المقابل للصورة المناسبة.

حذاء - سروال - فستان - معطف - قميص

 _____	
 _____	
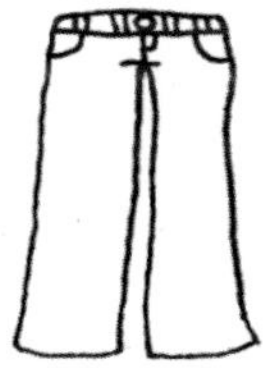 _____	
 _____	
 _____	

Cultural Activity 1. Idioms

<u>ناقش معنى هذا المَثل في الصف.</u>

كل على ذوقك والبس على ذوق الناس

Eat what you like but dress as others like.

هذا المَثل يعني أن تأكل ما تريد لكن تلبس اللباس المناسب والملائم للثقافة أو للبلد.

Pixabay.com

Cultural Activity 2

<u>ابحث في الانترنت عن صورة لممثلة أو مغنية مشهورة تلبس ملابس من تصميم مصمم أزياء عربي.</u>

ـ اكتب جملة فيها المعلومات التالية:

1. اسم الممثلة أو المغنية.

2. جنسية (nationality) الممثلة أو المغنية.

3. وصف الملابس والألوان.

4. اسم مصمم الأزياء.

5. جنسية مصمم الأزياء.

مثال:

نوال الزغبي مغنية لبنانية تلبس فستان أزرق طويل من تصميم اللبناني إيلي صعب.

Cultural Activity 3

<u>شاهد فيديو عن عرض أزياء عربي. اختر ملابس عارضتين ثم اكتب وصف الملابس.</u>

_____

_____

_____

_____

_____

_____

_____

_____

Cultural Activity 4

في مجموعات صغيرة، يُحضّر الطلاب عرض أزياء. يقوم طالب/طالبة بعرض الملابس ويكتب الطلاب خمس (5) جُمل لوصف الملابس.

_____

_____

_____

_____

_____

Pixabay.com

Cultural Activity 5

التسوق (shopping)

Pixabay.com

<u>التسوق</u>

<u>أنت في إجازة في بلد عربي وتريد أن تشتري هدايا وملابس لأقاربك.</u>

1. اختر أي بلد عربي.

2. ابحث في الانترنت عن محلات تجارية (shops) في هذا البلد، ثم اكتب قائمة
تسوق (shopping list).

3. اكتب أسئلة عن: السعر، اللون، المقاس ...

4. ضع/ ارسم صور للهدايا التي ستشتريها واكتب لمَن اشتريت كل هدية.